LETTRE

A M. LE VICOMTE EMMANUEL DE ROUGÉ

AU SUJET DE LA DECOUVERTE

D'UN

MANUSCRIT BILINGUE SUR PAPYRUS.

LETTRE

A MONSIEUR LE VICOMTE EMMANUEL DE ROUGÉ,

AU SUJET DE LA DÉCOUVERTE

D'UN

MANUSCRIT BILINGUE SUR PAPYRUS

EN

ÉCRITURE DÉMOTICO-ÉGYPTIENNE ET EN GREC CURSIF,

DE L'AN 114 AVANT NOTRE ÈRE

PAR

HENRI BRUGSCH.

AVEC TROIS PLANCHES.

PARIS
CHEZ
A. FRANCK. — FR. KLINCKSIECK.
67 rue Richelieu.   11 rue de Lille.

BERLIN
CHEZ R. GAERTNER.
(LIBRAIRIE AMELANG.)
—
1850.

LONDRES
CHEZ
WILLIAMS & NORGATE.
14 Henrietta Street, Covent-Garden.

Permettez-moi, Monsieur le Vicomte, de vous adresser le rapport détaillé d'une découverte que je viens de faire, et qui me parait assez importante pour être publiée. Je vous dédie ce travail; c'est l'hommage spontané de ma reconnaissance. Si, comme vous eutes la bonté de me l'écrire, le souvenir de nos travaux communs pendant votre séjour à Berlin, a eu pour vous quelque charme, que vous en dirai-je, moi, qui, de plus, en ai tiré un avantage inappréciable. Vos précieux renseignements ont puissamment enrichi mes connaissances du système hiéroglyphique et en même temps modifié, sur plus d'un point, mes opinions sur l'écriture démotique. Veuillez donc, je vous prie, considerer ceci comme un premier essai d'acquittement envers vous. Au reste, si en parcourant cet ouvrage, vous venez à vous apercevoir, que mes connaissances philologiques manquent parfois de profondeur, soyez assez indulgent pour vous rappeler que du moins je fais tous mes efforts pour me rendre en quelque sorte utile à cette science à laquelle vous venez d'ouvrir en France, où fut son berceau, une nouvelle ère.

Vous vous souvenez sans doute, Monsieur, que pendant le séjour que je fis à Paris, grâce à la munificence du Roi et de mon illustre protecteur M. Alexandre de Humboldt, votre savant ami, M. de Saulcy, me fit remarquer en votre présence parmi la collection d'antiquités égyptiennes conservée à la bibliothèque nationale, un papyrus (noté Casati, No. 5) des plus grands qu'on ait trouvés jusqu'à présent en Égypte. Ce papyrus, en grec cursif, contient après deux pages d'un texte continu, une longue liste de noms propres égyptiens cotés de remarques plus ou moins étendues sur la famille, le métier, le lieu de la naissance ou du domicile de chacun des individus qui y sont enumérés. Le tout est un contrat de vente. C'est d'abord un protocole, pareil à tous ceux qui précèdent les actes officiels du gouvernement des Lagides daté de l'an 4 du règne de Ptolémée Sôter II ou de l'an 114 avant notre ère. Suit le sujet et la nature de la vente qui se rapporte à des propriétés avec dépendances; la fin concerne le service funèbre dans les tombeaux placés près de ces propriétés, et dont la liste cite les morts à ensevelir ou déjà ensevelis. M. de Saulcy qui en avait extrait les noms propres autant qu'il avait pu les lire, jugeant ce papyrus d'une haute importance pour l'étude des cérémonies funèbres des anciens Égyptiens, me le recommanda vivement à cet égard en ajoutant qu'il serait fort à souhaiter qu'on en trouvât quelque part l'original démotique. Je pensai tout de suite au musée de Berlin dont les papyrus démotiques paraissent être sortis, pour la plupart, du même tombeau de Thèbes que ceux de Casati. Arrivé ici je fus en effet assez heureux pour découvrir l'original égyptien d'une grande partie de votre papyrus grec. J'en conçus les plus grandes espérances en calculant le double avantage qu'on pouvait en tirer d'une part pour étendre nos études de l'écriture égyptienne au moyen du texte grec servant à l'interpréter, et d'autre part pour faciliter le pénible déchiffrement du grec cursif à l'aide de l'original démotique, surtout au sujet d'une foule d'abréviations et de noms propres étrangers.

Le texte grec n'a pas encore été publié que je sache. M. St. Martin fut le premier qui le fit connaître par une notice sommaire inserée au Journal des Savants.[1] D'autres philologues, MM. Kosegarten, Reuvens, Letronne n'en parlent qu'en passant et tous, excepté M. Letronne, d'après la notice de M. St. Martin.[2] Je n'eus donc d'autre guide dans mes recherches que l'extrait précité de noms propres que M. de Saulcy avait bien voulu me confier, et cet extrait suffit pour me convaincre, que je ne m'étais point trompé dans mon attente. J'ai mis les deux listes en regard dans un ouvrage que je viens de faire paraître sous le titre de: Collection de monuments conçus en écriture démotique, accompagnés des textes hiéroglyphiques correspondants, pour servir de base au déchiffrement de l'inscription de Rosette.[3] (Voir pag. 30 et suiv.)

Voilà comment j'ai trouvé ce papyrus bilingue, le second qui ait été publié depuis le papyrus Grey dont l'original égyptien est à Berlin.[4] Alors il s'agissait avant tout d'examiner soigneusement le texte grec. Ce fut vous, Monsieur, qui m'envoyâtes la copie lithographiée que feu Letronne en fit faire pour une publication. Je m'empresse au reste de souscrire à la demande que vous me faites de n'en pas publier le fac-simile.

Mais en voici d'abord le texte et la traduction littérale de la première partie:

TEXTE DE L'ORIGINAL.	TRADUCTION.
Pag. I.	
Lign. 1. *Βασιλευοντων Κλεοπατρας και Πτολε-*	Sous le règne de Cléopâtre et de Ptolémée
μαιου θεων Φιλομητορων Σωτήρων ετους Δ	dieux Philométors-Sôters l'an IV, sous le
εφ ιερεως βασιλεως Πτολεμαιου θεου Φιλο-	prêtre du roi Ptolémée, dieu Philométor-Sôter
μητορος Σωτηρος Αλεξανδρου και θεων Σω-	Alexandre et des dieux Sôters et
τηρων και	

---

[1] 1822 pag. 555 et suiv.

[2] Reuvens, lettres à M. Letronne sur les papyrus bilingues et grecs etc. du musée d'antiquités de l'université de Leide. Leide, 1830. Lettre IIIe pag. 25 et suiv. — De prisca Aegyptiorum litteratura commentatio prima quam scripsit L. Kosegarten. Vimaria, 1828. pag. 67. — Letronne, fragments inédits de poètes grecs suivis de deux papyrus grecs du Musée royal. Paris, 1838. pag. 32.

[3] Sammlung demotischer Urkunden mit gleichlautenden hieroglyphischen Texten als nächste Grundlage zur Entzifferung der Inschrift von Rosette, größtentheils zum ersten Male veröffentlicht. Berlin, R. Gaertner, (Paris, Fr. Klincksieck, London, Williams & Norgate) 1850.

[4] Voir là-dessus la note 8 dans les additions à la fin de mon ouvrage précité pag. 38. J'ai reproduit le texte grec de ce papyrus à l'appendice sous le numéro I.

Lign. 2. *Θεων Αδελφων και θεων Ευεργετων* des dieux Adelphes, et des dieux Évergètes, et
και θεων Φιλοπατορων και θεων Επιφανων des dieux Philopators, et des dieux Epipha-
και θεου Ευπατορος και θεου Φιλομητορος nes, et du dieu Eupator, et du dieu Philo-
και θεου Ευεργετου και θεων Φιλομητορων métor et du dieu Évergète, et des dieux
Σωτηρων ιερε.. Philométors - Sôters . . . . . .

Lign. 3. *πωλου Ισιδος μ[εγα]λης μητρος θεων* d'Isis, la grande mère des dieux, sous l'Athlo-
αθλοφορου Βερενικης Ευεργετιδος κανηφορου phore de Bérénice Évergète, sous la Cané-
Αρσινοης Φιλαδελφου ιερεας Αρσινοης Φιλο- phore d'Arsinoé Philadelphe, sous la prêtresse
πατορος των ουσων εν Αλεξανδρειαι εν δε d'Arsinoé Philopator, qui sont à Alexandrie; à
Πτολεμ[α]ιδι Ptolémaïs

Lign. 4. *της Θηβαιδος επι ιερεων και ιερειων* de la Thébaïde sous les prêtres et sous les prê-
και κανηφορου των οντων και ουσων Επιφ tresses et sous la Canéphore lesquels et les-
Θ εν Ερμωνθει του Παθυριτου της Θηβαι- quelles y sont, au mois d'Epiphi, le 9; Her-
δος εφ Ερμιου αγορανομου mias étant agoranome à Hermonthis du nom
Pathyrite de la Thébaïde,

Lign. 5. *απεδοτο Ωρος Ωρου των εκ των* A vendu Horus fils d'Horus, un des pastophores
Μεμνονειων χολχυτων ως L ΞΘ μεσος με- d'Amon-Ophi des Memnoniens, âgé d'environ
λιχρως τετανος αναφαλαντος μακροπροσω- 69 ans, taille moyenne, teint jaune, peau lisse,
[πος] ευθυριν ωτα μεγαλα και αφεστηκοτα visage long, nez droit, aux oreilles grandes et
ασθενης τοις écartées, faible des

Lign. 6. *ομμασιν απο της υπαρχουσης αυτωι* yeux, sur la maison appartenant à lui et à ses
τε και τοις μετοχοις οικιας ωικοδομημενης copropriétaires et sur les terrains incultes qui
κα[ι] των προσοντων ψιλων τοπων της αυτης en dépendent dans la partie méridionale de
εν τωι απο νοτου μερει Διοσ[πολεως] της Diospolis la grande, la septième
μεγαλης το επιβαλλον

Lign. 7. *αυτωι μερος εβδομον ης γειτονες* partie, à lui révolue. Les alentours de cette
ολης της οικιας νοτου οικια Παιτος Ασιητου maison sont, au sud: la maison de Païs, ori-
βορρα οικια Ταχλαυτος απηλιωτου ρυμη βα- ginaire d'Asie; au nord: la maison de Tachlaus;
σιλικη λιβος διωρυξ και τον εις Ταγην à l'est: la rue royale; à l'ouest: le canal; et
οικον pour Tagès (sa fille) la maison

Lign. 8. *ωικοδομημενον πηχεως τριτον πεν-* bâtie, de $\frac{2}{3}$ coudées, dont voici les alentours,
τακαιδεκατον ου γειτονες νοτου οικια Αρπα- au sud: la maison d'Arpaésis; au nord: les
ησιος βορρα οι ψιλοι τοποι των ...ων απη- terrains incultes . . . . . .; à l'ouest: la maison
λιωτου οικια Πεχυθου λιβος Ασωτος de Pechytès; au sud: (celle d') Hasos;

Lign. 9. *και εν Πμουνεμουνει απ οικιας* et dans le bourg de Pmou-en-Amoun la moitié
καθηρημενης το ημισυ ης γειτονες ολης της d'une maison détruite, dont voici les alentours,
οικιας νοτου ρυμη βασιλικη βορρα οικια au sud: la rue royal; au nord: la maison de
Ποηβιος απηλιωτου οικια Πετεαρπρεους του Poébis; à l'est: la maison de Petearprès, fils

Lign. 10. *Μενεους λιβος οικια Ζμανρεους
του Ψενμωνθου ης ανα μεσον διαφυσις ης
οι αν ωσι γειτονες παντες παντοθεν επριατο
Οσοροηρις Ωρου ως L ΜΕ μεσος*

de Ménès; à l'ouest: la maison de Zmanrès, fils de Psenmonthès, au milieu de laquelle se trouve un passage; et les autres voisins quels qu'ils soient tous de toutes parts. Ont acheté Osoroéris fils d'Horus, âgé d'environ 45 ans, taille moyenne,

Pag. II.

Lign. 1. *μελιχρως τετανος μακροπροσω[πος]
ευθυριν και Νεχθμωνθης και Πετοσιρις εκα-
στος κατα το[Γ̅] το ∠δ́*

teint jaune, peau lisse, visage long, nez droit, et Nechtmonthès et Petosiris, tous les trois quarts, dont chacun le tiers,

Lign. 2. *Ταγης το αλλο δ́ χωρις του εις αυτην
οικον πηχεως Γ̅Ι̅Ε̅. χαλ. τ(α)λ. Β και την
προστασιαν*

Tagès le quart de reste en sus de la maison à elle de $\frac{2}{3}$ de coudées; (le tout) au prix de 2 talents de cuivre; et (ci-joint) le service

Lign. 3. *των επιβαλλοντων αυτωι σωματων των
μεταγομενων εις τους ταφους και των αυτων*

des momies à lui appartenant ensevelies dans les tombeaux, et

Lign. 4. *λογειων και καρπειων ων το κατανδρα
υποκειται προπωλητης και βεβαιωτης τουτων*

les collectes et les fruits qui y tiennent, dont le régistre est ci-joint; étant le garant et le courtier de ce qui est relatif

Lign. 5. *τ[ω]ν κατα την ωνην Ωρος ο αποδο-
μενος· ον εδεξαντο Οσοροηρις και αδελφοι
οι πριαμενοι.*

à cet achat Horus, le vendeur. Ont accepté Osoroéris et ses frères, les acheteurs.

1. Pour ceux de mes lecteurs qui, pour la première fois, ont sous leurs yeux un contrat grec provenant de l'Égypte, je remarquerai qu'il était d'usage de citer en tête des actes officiels outre le nom du Ptolémée regnant le titre des prêtres, des prêtresses et d'autres dignitaires, de tous les prédécesseurs du roi et des femmes ou des soeurs de quelques-uns d'entr'eux. C'est une sorte de sacerdoce éponyme, car, dans les temps plus anciens, on ajoutait toujours le nom des prêtres, comme cela se voit dans l'inscription de Rosette et dans quelques contrats. Deux villes étaient le siége des prêtres qui desservaient le culte officiel des Ptolémées. C'était Alexandrie, siége du culte public depuis Alexandre le gr., et Ptolémaïs [1] où se faisait le service divin pour la famille royale. La mention des prêtres d'Alexandrie était indispensable dans les actes publics, celle du service royal n'était qu'une marque de respect. Dans la plupart des contrats grecs et égyptiens les derniers ne sont pas nommés; il en est de même dans le nôtre, où l'on n'a dit autre chose que »sous les prêtres, prêtresses, Canéphore (des Ptolémées) à Ptolémaïs.« Pour faciliter l'étude de la succession des Ptolémées je présenterai dans l'appendice la table généalogique

---

[1] Le nom démotique de cette ville était Psi ou Pasi; en copte: ⲮⲞⲒ ou ⲮⲰⲒ et plus correctement orthographié ⲠⲤⲞⲒ ou ⲠⲤⲰⲒ (en arabe Absaï ou Ibsaï). V. Champollion l. j. l'Égypte sous les Pharaons. Paris, 1814. tom. I. p. 253 et suiv.

et chronologique de ces rois avec leurs prêtres. Quant au dieu Eupator je penche à croire avec M. Franz qu'il était fils d'Épiphane et mort prématurément. [1]

Il me reste à parler de quelques particularités. Dans la liste des prêtres d'Alexandrie en tête des contrats égyptiens et grecs Alexandre le grand ne porte jamais le titre de »dieu« comme les autres rois. Dans les contrats démotiques les prêtres τῶν θεῶν Σωτήρων sont nommés *en ne.nouter nehem* »deorum Salvatorum« (en copte ⲡⲟϩⲉⲙ, ⲛⲉϩⲙ, salvare, liberare); tandis que le prêtre du même titre à Ptolémaïs est désigné par *en p.nouter p.souter* »dei Salvatoris«, raison de plus pour admettre que le culte à Ptolémaïs était si essentiellement grec que le fondateur de la dynastie dans les actes égyptiens ne portait point le nom égyptien ⲛⲉϩⲙ, nehem, mais le grec *p.souter*, ὁ Σωτήρ. Il est bon de citer le passage suivant de Strabon: Πτολεμαϊκὴ πόλις μεγίστη τῶν ἐν τῇ Θηβαΐδῃ καὶ οὐκ ἐλάττων Μέμφεως ἔχουσα καὶ σύστημα πολιτικὸν ἐν τῷ Ἑλληνικῷ τρόπῳ, [2] et l'inscription suivante, trouvée à Philes

Ἴσιδι καρποτόκῳ Κέλσος τόδε γράμμ' ἀνέθηκα
μνησθεὶς ἧς ἀλόχου καὶ τεκέων φιλίων,
καὶ πάτρης γλυκερῆς Πτολεμαΐδος, ἣν ἐπόλισσεν
Σωτὴρ Ἑλλήνων Νιλογενὲς τέμενος. [3]

Pour ce qui est des fonctions de l'Athlophore et de la Canéphore on n'a encore rien trouvé de satisfaisant. M. Letronne s'est contenté de donner la traduction, en rejetant ce que les autres savants ont dit avant lui là-dessus. Les papyrus démotiques offrent à peu d'exceptions près pour ἀθλοφορος l'expression: »la porteuse (*t.fi*) de l'enseigne de la victoire« (*nascht*,) et pour κανηφορος cette autre: »la porteuse de la corbeille d'argent et d'or pour la victoire.« [4] C'étaient sans aucun doute les prêtresses des reines divinisées, lesquelles, dans les pompes publiques, (κωμασιαι) portaient des insignes auxquels elles devaient leur titre. Il paraît au reste que des fonctions toutes pareilles existèrent du temps des Pharaons; le fait est qu'on lit dans les monuments de ces temps reculés les titres de porteurs ou porteuses de certains insignes. (V. p. ex. Champollion, gram. ég. pag. 68.)

Lign. 2. ιερε.πωλου] Le mot qui se trouve ici, exprime sans doute une sorte de sacerdoce (ἱερα-πολος?), mais qui m'est tout à fait inconnu. La déesse Isis (Ισις μεγαλη μητηρ θεων) est incontestablement la reine Cléopâtre, fille de Ptolémée Philométor et femme de Ptolémée Évergète II.
Lign. 5. εκ των Μεμνονειων.] nom des villages (en égyptien *ne.mone.ou*) vis-à-vis de Thèbes, sur la rive gauche du Nil et tout près des catacombes creusées dans les montagnes de la chaîne lybique. (V. plus loin.)

---

[1] Corp. inscript. graec. III. fasc. II. pag. 285. et Letronne Rec. d. Inscript. G. et L. tom. II. pag. 536.

[2] Strab. Liv. XVII pag. 813.

[3] Publiée par M. Parthey de Philis insula p. 52. M. Letronne Journal des Savans 1831 p. 409. M. Welcker dans le Rheinisches Museum 1832. fasc. II p. 296. M. Franz Corpus inscript. graec. III. fasc. II no. 4925 p. 433.

[4] Une seule fois j'ai trouvé dans un papyrus démotique assez ancien le mot grec pour l'Athlophore transcrit de cette manière: ATHPOPHoPOS. Ce papyrus est au Musée Égyptien de Berlin.

Lign. 5. *των — χολχυτων.*] Du nominatif *χολχυτ-ης* (ou *χολχυϑ-ης*). Mot égyptien pour le grec *παστοφορος*. (V. plus bas.)

Lign. 8. *τριτον πεντακαιδεκατον.*] Il n'est guères possible de se figurer une maison de $\frac{2}{5}$ coudées, et, avec bien plus de raison que M. l'abbé Peyron lorsqu'il parle d'une maison de $7\frac{1}{2}$ coudées, je pourrais dire: »monstri instar est domus cubitorum septem cum dimidio, illa enim ne domuncula quidem, sed vix unica cellula dici potest.« [1] Mais il est bon de remarquer que la coudée égyptienne (nommée *πῆχυς οἰκοπεδικὸς* dans les papyrus) était pris dans tout un autre sens. Les Égyptiens pour exprimer la grandeur d'une maison (ou d'un terrain) la représentaient comme un paralellogramme dont la base était donnée en coudées et dont la hauteur se mesurait par le centuple de la même unité. Ainsi les $\frac{2}{5}$ coudées de la maison en question s'équivalent à $\frac{2 \times 100}{5} = 40$ coudées quarrées, dimension fort probable d'une petite maison.

Lign. 7. *μερος εβδομον.*] D'abord Horus vend donc à ses enfants la septième partie d'une maison et du terrain inculte qui en dépend, qui appartiennent à lui et à ses copropriétaires (*μέτοχοι*), auxquels reviennent les $\frac{6}{7}$ de reste. Ce n'est pas pour la première fois que ce fait se présente dans les papyrus. Ainsi, dans le papyrus n° X du musée de Turin, contenant deux enrégistrements relatifs à diverses portions d'une même maison, on lit: *o αυτος. Τελος* [*τεταχται*] *Γ οικιας κ.τ.α.* [2] C'est du tiers d'une maison qu'il s'agit. Il va sans dire qu'en parlant des voisins, on parle des voisins de la maison entière, comme dans notre contrat et dans une foule d'autres actes. C'est pour cela qu'il est dit: *ης γειτονες ολης της οικιας.*

Lign. 9. *εν Πμουνεμουννει*]. Nom propre d'un village ou d'un bourg dans les Memnonies qui signifie **Π.ⲙⲟⲧ ⲡ̅ ⲁⲙⲟⲧⲡ** »aqua Ammonis« c'est-à-dire *ὑδρευμα Αμμωνος.* Le nominatif en est: *Πμουνεμουνις* (gén. *-εως* V. plus bas.) cf. Col. 37, 3.

Lign. 9. 10. *οικια Πετεαρπρεους Μενεους.*] Tous les mots dont le génitif se termine en *-εους* se rapportent à un nominatif en *-ης.* Les Égyptiens étaient donc nommés en grec *Πετεαρπρης* (*Pete-har-p.ré,* donum Hori-Solis), *Μενης* (*mena,* nom du premier roi égyptien), *Ζμανρης* (*Se-°men-ré,* filius Amonis-Solis).

Pag. II. Lign. 1. *κατα το Γ́ το ∠Δ́*] Il faut lire $\angle Δ́ = \frac{1}{2} + \frac{1}{4} = \frac{3}{4}$. Car, si le père Horus partage ses propriétés entre ses trois fils et une fille (*Ταγης*), il est clair que les trois frères en recevront trois quarts — *κατα το Γ́* — et la soeur un quart — *το αλλο Δ́.* (Sur la notation des fractions des anciens grecs dans l'écriture cursive V. la note à l'appendice.)

Lign. 2. *πηχεως ΙΙΈ*] $= \frac{1}{3} + \frac{1}{15} = \frac{6}{15}$ ou $\frac{2}{5}$; voilà en chiffres ce qui, plus haut, est écrit en toutes lettres: *τριτον* (*Γ́*) *πεντακαιδεκατον* (*ΙΈ*).

Lign. 2. *χαλ. τ(α)λ Β.*] Le prix de deux talents de cuivre n'est pas grand' chose. Il résulte des recherches de M. Letronne sur le rapport des monnaies de cuivre à celles d'argent, que c'est

---

[1] A. Peyron Papyri graeci Musei Taurinensis. Vol. I p. 133.

[2] »Le même. Le droit d'achat a été enrégistré d'un tiers d'une maison etc.« M. Peyron n'a pas donné l'explication des caractères grecs pour *τεταχται Γ́,* en traduisant »Idem. Tributum N. N. domus etc.« (ouvrage précité Vol. II p. 63.)

comme un à soixante, en sorte que 6000 drachmes ou 1 talent de cuivre valent 100 drachmes d'argent ou 70 francs. [1] Par conséquent le prix total de ces propriétés montait à 140 francs. Lign. 2. $\pi\varrho o\sigma\tau\alpha\sigma\iota\alpha\nu$] C'est à mon savant ami M. G. Wolff que je dois la lecture de ce mot, $\pi\varrho o\sigma\tau\alpha\sigma\iota\alpha$, »administratio et custodia.«

Le contrat n'est pas bien difficile à comprendre, ce me semble. Il est, du reste, en tout point pareil à celui de Nechoutès, écrit aussi en grec cursif et que mon illustre maître M. Boeckh a interprété sur une copie communiquée à l'Académie de Berlin dans son »Explication d'un document égyptien sur papyrus de l'an 104 avant notre ère.« [2] Sans entrer dans tous les détails sur les idiotismes macédoniens ou sur les objets de cette vente, études que le monde savant espère trouver dans les oeuvres posthumes de M. Letronne, je me bornerai ici à constater encore que le musée de Berlin possède un contrat, conçu en écriture démotique, où il est question de la propriété de Tagès. Le texte porte en tête la date de: »l'an 54 le 19 du mois de Thoth du règne »de Ptolémée (Évergète) toujours vivant«; et continue en ces termes: »Osoroër, fils d'Horus a »dit à Tavé fille d'Horus: Ma soeur, je te cède la maison édifiée que j'ai reçue avec ses dépen-»dances de Nachtef, fils d'Hasa et située dans l'Ammoniéum de la partie du sud de Thèbes.« Viennent les noms des voisins, qui sont effectivement les mêmes que ceux de notre texte grec. Je reviendrai encore à ce papyrus démotique qui, à plus d'un titre, commande le plus vif intérêt.

Cette déclaration d'Horus est suivi, dans le texte grec de Paris, du dénombrement des corps à ensevelir ou déjà ensevelis, que le vieux père partage entre ses quatre enfants; de sorte que les colonnes 2e l. 6e—15e sont pour Osoroër, celles 16e—27e pour Nechtmonth, celles 28e—39e pour Petosiris, celles 40e—49e pour sa fille Tagès. La dernière colonne ou la cinquantième renferme en 5 lignes l'enrégistrement grec du greffier.

La liste des corps d'Osoroër est celle qui nous est conservée en démotique dans le papyrus de Berlin. J'espère qu'on découvrira quelque jour, dans un des musées de l'Europe, les originaux démotiques des listes des trois autres enfants. J'invite les amis de ces études et surtout les conservateurs de musées d'antiquités égyptiennes à examiner attentivement sous ce rapport tous les papyrus démotiques qui sont à leur disposition.

Mais avant de transcrire les textes grec et égyptien de la liste des morts d'Osoroër, je donnerai ici un aperçu des caractères composant l'écriture démotique, pour justifier ma manière de les transcrire. Parfaitement d'accord avec vous, Monsieur, sur la simplification nécessaire des caractères démotiques, [2] je dis que cette écriture se compose en premier lieu de signes phonétiques, formant un véritable alphabet et dont voici la série avec les lettres coptes et grecques en regard: (V. pl. I.)

---

[1] V. »fragments inédits de poëtes grecs, suivis de deux papyrus grecs du musée royal.« p. 25 et suiv.

[2] Je rappellerai au lecteur votre lettre à M. de Saulcy sur les éléments de l'écriture démotique des Égyptiens, insérée dans la Revue Archéologique du 15 septembre 1848.

VALEUR DE LA LETTRE DÉMOTIQUE.	LETTRE CORRESPONDANTE DE L'ALPHABET COPTE.	TRANSCRIPTIONS GRECQUES.
A°	ⲁ. [ⲟ, ⲱ. ⲉ, ⲏ.]	α, ε, η, o.
°I	ⲓ. [ⲉⲓ, ⲉ.]	ι, $\varepsilon\iota$.
°OU	ⲟⲩ, ⲟ.	o, v, ov, ω, ωv.
B	ⲃ. [ⲟⲩ.]	β, ov.
F	ϥ. [ⲃ.]	v, φ.
P	ⲡ. [ϥ.]	π, φ.
M	ⲙ	μ.
N	ⲛ	ν.
L	ⲗ. [ⲣ.]	λ, ϱ.
R	ⲣ. [ⲗ.]	ϱ, λ.
S	ⲥ	σ, ζ.
T	ⲧ. [ⲑ]	τ, ϑ, δ.
H	ϩ	......
K	ⲕ	$\varkappa$, χ.
KH, ch [χ]	ϧ, ⳋ. [ϣ.]	χ.
SKH, sch [$\sigma\chi$]	ϣ	χ, σ.
Dj	ϫ. [ϭ.]	$\varkappa$, σ, τ, ϑ.

J'ai ajouté à cette planche les lettres du grec cursif du papyrus de Paris. Parmi les lettres qui n'ont pas d'équivalent grec, je relève surtout la dernière dj, ϫ en copte et nommée ϫⲁⲛϫⲓⲁ. Je ferai observer que c'est un son mixte qui a une grande ressemblance avec le g des Italiens devant la voyelle i (par exemple dans les mots giardino, giustizia) et qui, comme on va le voir, se rend dans les transcriptions grecques par $\varkappa$ ou σ ou τ. En examinant l'alphabet démotique, le lecteur sera frappé peut-être de la présence de deux ou même de plusieurs signes bien distincts pour le même son alphabétique; c'est un usage qui y passa de l'écriture hiéroglyphique par l'hiératique et qui tient à ce que, dans l'écriture sacrée, il fallait aux Égyptiens plus d'un signe représentatif du même son ou de la même idée pour l'arrangement plus pittoresque de chaque mot ou groupe. [1] La seconde classe de signes dont l'écriture démotique se compose, ce sont les signes idéographiques qui, comme les premiers, dérivent des hiéroglyphes par l'intermédiaire de l'hiératique et qui se divisent en signes syllabiques, plus ou moins usités dans les compositions des mots, et en signes mixtes ou purement idéographiques. Il y a enfin les signes d'espèce, signes déterminatifs, qui ne servent qu'à désigner la nature de l'idée exprimée par ces mêmes caractères et qui, ainsi, simplifient de beaucoup l'étude si compliquée de cette écriture cursive des Égyptiens.

Après cela portons un moment nos regards sur le texte grec. En le comparant avec la traduction du papyrus démotique, vous verrez, Monsieur, que ce dernier, plus exact et plus étendu que l'antigraphe grec, a des choses que l'autre n'a pas. Mais ce n'est pas la première fois qu'on signale un pareil fait. Dès la découverte du premier papyrus bilingue, on se convainquit que les originaux démotiques étaient plus complets que les antigraphes grecs. J'ajouterai que notre antigraphe, extrêmement mal soigné par le scribe grec chargé de sa rédaction, offre des fautes à frapper un écolier; de plus des abbréviations qui, à peu près inexplicables pour celui qui n'est pas très-exercé au déchiffrement de ce genre d'écriture, se comprennent facilement à l'aide du texte égyptien. C'est ainsi que pour la seconde fois un texte égyptien, devenu à son tour le commentaire d'un grec cursif, a réfléchi sur lui la lumière qu'il en avait reçue.

Voici maintenant les deux textes:

TEXTE GREC.	VERSION DU TEXTE DÉMOTIQUE.
Pag. II.	Col. I.
L. 5. *Εστιν δε το κατανδρα των σωμα-*	L. 1. Voici la liste des morts qui reviennent à Osoroër,
των Οσοροηρει	fils d'Hor :
1. *Νεχθμωνθης Αρμαιος και η γυνη*	Nechtmont, fils d'Hormai, sa femme et ses enfants.
και οι υιοι	
2. *Χαπονχωσις Αρμαιος ωσαντως*	Chapochons, fils d'Hormai, sa femme et ses enfants.
3. *Οσοροηρις Αρμαιος ομοιως*	Osoroër, fils d'Hormai, sa femme et ses enfants.
4. *Ιμουθης Πετενεφωτου*	L. 5. Imouth, fils de Petenefhotep, sa femme et ses enfants.
5. *Σποτους Οσοροηριος*	Sepotou, fils d'Osoroër, sa femme et ses enfants.
7. *Εσημητις Πετενεφωτου*	Semète, fils de Petenefhotep, sa femme et ses enfants.
8. *Χαποχρατης Ωρου*	Chapechrat, fils d'Hor, sa femme et ses enfants.
6. *Ιμουθης Οσοροηριος*	Imouth, fils d'Osoroër, sa femme et ses enfants.
9. *Πιβις και [ο]ι υιοι*	L. 10. Tnihibat, la fille défunte.
10. *Πχιρχωνσις και η γυ[νη] και οι*	Pchelchons, mon troisième fils, sa femme et ses
υι[οι]	enfants.

---

[1] Voir la lettre à M. Rosellini sur l'alphabet hiéroglyphique par R. Lepsius. Rome, 1837. pag. 46.

12. *Ψενασυχις Οσοροηριος*

11. *Οσοροηρις ποικιλος*

13. *Ψενχωνσις Πανουτος*

Col. 3.

L. 1. *Αρμαις προφητης Ηφαιστου κ[ατα]*
  το Γ´ εις της ταφης

2. *Εσβενδητις και των εν αυτηι*

3. *σκυτεων του Παθυριτ[ου]*

4. *πατηρ Καλουσης και Ασιης*

5. *πατηρ Ποωριος Ψεν[θου]της*

6. *τετης Ασιης Τασατμις*

(Voir lign. 1.)

9. *ταριχευτων των εκ του Κοπ[τιτου]*

10. *Ωρος Ονεους γυ[νη] και οι υι[οι]*

11. *Πετσουχις νε[ωτερος]*

12. *Αρ.α...τιης και η γυ[νη] και οι*
  υι[οι]

7. *Ιμουθης Ζμινιος εκα[στος] κατα*
  το Γ´ εις τους

8. *ταφης εναυ. Πετοσιριος και Νεχθ-*
  μωνθου

Psenasechi fils d'Osoroër, sa femme et ses enfants, avec ses places-pour-reposer et son puits.

Osoroër, le tacheté, sa femme et ses enfants.

L. 15. Le tombeau de Psenchons, fils de Pana, et ceux qui y reposent.

Le tombeau de Sepentet et ceux qui y reposent.

De ceux qui enveloppent les momies du nome de Pahathor:

le père Djeloudje, ainsi que Aschoui, leurs femmes et leurs enfants.

Le père Pouhor, ainsi que Psenthoth, qui enveloppent les momies, leurs femmes et leurs enfants.

L. 20. Tadjetem, qui enveloppe les momies, et Tehirtetat, leurs femmes et leurs enfants.

...... Horma, prophète de Phtah; Chaamoun, et Nechtmont

et Osoroër, pour compléter la moitié de chacun de nous.

Des taricheutes du nome Koptite:

Hor, fils d'Houn, sa femme et ses enfants.

L. 25. Hor, fils de Hetar, sa femme et ses enfants.

La moitié de Petsebek, le petit (le cadet), sa femme et ses enfants.

La moitié de Petsebek, le grand (l'aîné), et (celle de) Pmench,

(de) leurs femmes et (de) leurs enfants, et de Tsenthoth, sa femme (de qui?)

...... d'Hor, sa femme et ses enfants.

L. 30. Ceux-là Osoroër, ainsi que Nechtmont, ainsi que Petosor serviront Hormai

(fils de ......) et Imouth, fils de Semin ...... d'après le nombre de trois.

Col. 4.

L. 1. εις της ταφης Οσοροηριος και
Νεχθμωνθου κατα το ∠

2. Τανους Τα....ιος και των εν αυτηι
και
το Γ̅ Φριπικονος

3. και των π[-αρ α]υτου εξ Ερμω[ν-
θεως]

4. Αμμωνιος Αλχου και γυ[νη] και
οι υι[οι]

5. Αντιμαχους γυ[νη] και οι υι[οι]

6. Ανθηνιων και γυ[νη] και οι υι[οι]

(9. Κεφιλων γυ[νη] υιοι)

7. και τους ταφους και τα εν αυ-
[τοις]

8. και των παρ αυτου εξ Ερ[μωνθεως]
και Κοπ[του]

10. ταφους Πεσταυτος Η[.....] και
των

11. εν αυ[τοις] και τους επαγομεν[ων]

Col. 5.

L. 1. ανηρ Τανεχθου[τος] 2. μεταβο-
λε[ως]

3. ταφους Φεβαλχου 4. και των εν
αυτηι

5. πατηρ Μορωνος 6. η [γυνη και οι]
υι[οι]

7. ταφους Εριεως ο Ι........ 8. και
των εν αυ[τοις]

9. [Χωνσθουτ πασ]τοφο[ρος] Ερμου
10. και η γυ[νη] και υι[οι]

Col. 6.

L. 1. Ωρος ανηρ Τυνσος αρτοκο[που]

2. Πανεχα[της] αρτοκο[πος] γυ[νη]
και υι[οι]

3. Μεσληκις τεκ[των] ωσ[αυτως]

Col. II.

L. 1. Les autres hommes qui ......

Le tombeau de Tou....... ainsi que ceux qui y
reposent et

le tiers de la maison funèbre de ...... ceux qui
y reposent de Padjem,

et le tiers de ses ...... d'Hermonth.

L. 5. Amnis, fils d'Alikes, sa femme et ses enfants.

Antimedjous, sa femme et ses enfants,

Athniaou, sa femme et ses enfants,

Philen ...... son frère, sa femme et ses enfants,

et leurs tombeaux ...... et ceux à y ensevelir,

L. 10. et la moitié des hommes d'Hermonth qui y reposent.

Le tombeau de Pastou le — — avec ceux qui y
reposent,

et avec ceux à y ensevelir.

Le mari de Tanechtou, la revendeuse, sa femme et
ses enfants.

Le tombeau de Phibnekou avec ceux qui y reposent, et leurs femmes et leurs enfants.

L. 15. Le père de Mouren, sa femme et ses enfants de
Thèbes (*Tep*).

Le tombeau de Herieu, le .... avec ceux qui y
reposent.

Chonsthoth, le pastophore de Thoth, sa femme et
ses enfants.

Hor, le mari de Tnischa, la boulangère, sa femme
et ses enfants.

Le père Panecht, sa femme et ses enfants.

L. 20. Meslek, le charpentier, sa femme et ses enfants.

4. *Διονυσιος Αμμω[νιος] γυ[νη] υιο[ι]*

Tina, sa femme et ses enfants d'Hermonth, le fils naturel.

5. *Πετοσιρις χηνοβο[σκος] γυ[νη] υι[ο]ι*

Petosor, le teneur d'oies, sa femme et ses enfants de Thèbes.

6. *Αμμωνις Κ......του*

Amnes, fils de Djumnes, sa femme et ses enfants de Thèbes.

7. *Αρμαις και γυ[νη] [κ]αι υι[οι] και ταφους*

L. 25. Hormai, sa femme et ses enfants, avec sa place.

8. *κεραμου*

9. *Εφωννχος Αχολφιος γυ[νη] υι[οι]*

Efanch, fils de Hedjelfi, sa femme et ses enfants de Pamont — (village.)

10. *ανηρ Σεναρμαιος και η γυ[νη] [και] υι[οι]*

Efanch, le mari de Tsenhormai, sa femme et ses enfants de Pamont —

11. *Αλλικουτις θυγατηρ*

Allidjous (femme), son mari et ses enfants de —

12. *ανηρ Σεναρμαιος και γυ[νη] και υι[οι]*

Imouth, le mari de Tsenhormai, sa femme et ses enfants de —

Col. 7.

L. 1. *Ποηρις Θοτομουτος κοχλα[κος]*

L. 31. Poër, fils de Thothmaou, sa femme et ses enfants de...
Le père Perines, sa femme et ses enfants de Thèbes.

Col. III.

2. *Ψεμμω[νθης] Οννωφριος Με[μνο- νιτης]*

L. 1. Psenmont, fils d'Ounnofre, sa femme et ses enfants de Padjem.

3. *Σεν...... το ∠*

Ptlou......, fils d'Ounnofre, sa femme et ses enfants de Padjem.

4. *Πτολλις και η γυ[νη] και υι[οι] Με[μνονιτης]*

Psen........... sa femme et ses enfants de Padjem.

5. *Ψενενουτηρις Τριησιος Με[μνονι- της]*

Psennenouter, le fils d'Tris, sa femme et ses enfants de Padjem.

6. *Κολλουθης οικειος*

L. 5. Ainsi que Djeloudj, son beau-père, sa femme et ses enfants de Padjem.

7. *Φριπατης Φριπησε Διος[πολεως]*
8. *Πιησις Αυτος*

La maison funèbre de Phripat et (celle de) Phripesi et (celle de) Pesi fils d'At, (chacun avec) sa femme et ses enfants.

9. *Νεχθφαρνις τεκ[των] και Αοιης*

Nechtefaru, le charpentier, sa femme et ses enfants avec Asehou d'Api (ou d'Opi, d'Ophi).

10. *Παμοννασις παστο[φορος] Ερμου*
11. *Απεως*

Pamenès, le pastophore de Thoth d'Api, sa femme et ses enfants.

Col. 8.

L. 1. Πετεαρπρης Σαλεους Τμουνοχο...

Petehorpré, fils de Sala, sa femme et ses enfants de Tirkep.

2. Πετεσορβου(ς?) και η γυ[νη] και υι[οι] ωσ[αυτως]

L. 10. Petosorbo.., sa femme et ses enfants de Tirkep.

3. Θαφεις και ανηρ και υι[οι] οντλομ

Tahefi, fille d'Alou, son mari et ses enfants,

4. αδελφος Πταυτος εν τοις Κερα-με[ιοις]

Avec Pedjou.., son frère, de Pamontneb — —, sa femme et ses enfants.

5. Τοτοης Μενεους Πμουνεμου[νεως]

Totou, fils de Menes, sa femme et ses enfants du bourg Pmounamoun.

6. Παιευς αδ[ελφος]

Paiou, fils de Menes, sa femme et ses enfants du bourg Pmounamoun.

Πασῃ[μις] Αρμιττοσω[σ....]

L. 15. Padjem, fils de Hormitasehou, sa femme et ses enfants du bourg Pmounamoun.

7. Ψεναμουννις Μενεους ωσ[αυτως]

Psenamoun, le fils de Menes, sa femme et ses enfants du bourg de Pmounamoun.

8. Αρυωθης και η γυ[νη] και υι[οι] Μέ[μνονιτης]

Aruot, sa femme et ses enfants de Tmonenpament.

9. Ατηρις Πμουχεως

Ateri, sa femme et ses enfants de Tmonenpament.

10. Σολων και αδ[ελφος] Τμουνενφα-μ[ηνεως]

Soulen avec son frère, leurs femmes et leurs enfants de Tmonenpament.

Col. 9.

L. 1. Εριευς και η γυ[νη] και οι υι[οι] Τεμο.....

L. 20. Herieu, sa femme et ses enfants de Tmonenthoth.

2. Ιασωνος πατηρ γυ[νη] και οι υιοι Ερ[μωνθεως]

Le père de Isoun, sa femme et ses enfants d'Her-month.

3. Σαραπιων και η γυ[νη] και οι υι[οι] Ερ[μωνθεως]

Serpiaoun, le fils naturel, sa femme et ses enfants d'Hermonth.

4. Σεναπαης γυ[νη] Αλεξαν[δρου] και υι[οι] Ερ[μωνθεως]

Tsenaruot, son mari et ses enfants d'Hermonth.

5. Φαμινις Φαμινιος

Harsiesi, le — — —, sa femme et ses enfants d'Hermonth.

6. Φριπετοσιριος Ερ[μωνθεως]

L. 25. Phripetosiri, originaire d'Asie, sa femme et ses enfants d'Hermonth.

7. Σναχο[μνευς] Τοργους Ταρκ[εως]

Senouschmoneu, fils de Tareoua, sa femme et ses enfants de Tarket.

Col. IV.

8. *Αμενωϑης ψω Αμενω[ϑης] με[γας] Πωεως*   L. 1. Amen]hotep, le cadet (?), Amenhotep, l'aîné [de —

9. *Φϑομωνϑης και η γυ[νη] και υι[οι] Διοσ[πολεως]*   Phto]mont, sa femme et ses enfants [de —

10. *Σιεφμους και η γυ[νη] και υι[οι] Πωεως*   Sief]mout, sa femme et ses enfants [de —

11. *Ωρος β[α]φ[ευς] Αλιευσαυτος ωσ[αυτως]*   Hor, fils de Hau — — — sa [femme et ses enfants de —

Col. 10.

L. 1. *πατηρ Φατρεους γναφ[ευς] Πωεως*   L. 5. Le père de Phatreou, le fouleur, [sa femme et ses enfants de —

2. *Διδυμοι Πενγεις*   Nehetarou, sa femme et ses enfants [de —

3. *Πελαινος και η γυ[νη] και υι[οι]*   Pala(n)os, sa femme et ses enfants de Tpenenei.

4. *Αρυωϑης και η γυ[νη] και υι[οι] Πενης*

5. *Εαρους και η γυ[νη] και υι[οι] ωσ[αυτως]*   Horoudj Sim, sa femme et ses enfants de Pana.

6. *Αρπισ...... Με]λεους Τμοννειους*   Horpe — —, fils de Meles, sa femme et ses enfants de Tmonenaschour.

7. *Θαπουνις Παπας*   L. 10. Tapin, son mari et ses enfants de Papa.

8. *Πιπης μεγ[ας] και η γυ[νη] και υι[οι] Ερ[μωνϑεως]*   Pipé, l'aîné, sa femme et ses enfants d'Hermonth.

9. *Ψενανου[βις] Πενγεις κατα το ∠*   La moitié de Psenanoup, de sa femme et de ses enfants de Tpenenei.

10. *Πατης Ψενορ και η γυ[νη] και υι[οι] κυβ[ερνητης]*   Pat, fils de Psenosor[1], le batelier, sa femme et ses enfants de Thèbes, par dessus de la portion de Petamensato.

11. *Απελως Πετενεφω[του] ωσ[αυτως] κυβ[ερνητης]*   Aplou, fils de Petenefhotep, le batelier, sa femme et ses enfants de Thèbes.

Col. 11.

L. 1. *Ψεμωνϑης Ψενοσιριος κυ[βερνη-της] ωσ[αυτως]*   L. 15. Psenmont, fils de Psenosor, le batelier, sa femme et ses enfants de Thèbes.

---

[1] Le sigle grec *ορ* pour le nom du dieu Osiri, *Οσιρις*, se trouve bien fréquemment dans les inscriptions trouvées en Égypte (V. Corpus inscriptionum graecarum vol. III. fasc. II. les numéro 4868, 4869, 4870, 4878 etc.). Cependant on n'en a pas connu jusqu'à présent la valeur qui nous est fournie d'une manière incontestable par notre texte démotique.

2. Πετενεφω[της] Ψενταινευ[....]
   ωσ[αντως]

Petenefhotep, fils de Psentaneu —, sa femme et ses enfants de Thèbes.

3. Παμωνϑης Πινπoωρ γυ[νη] και
   vι[oι]

Pamont, l'incolent de Penpouher, sa femme et ses enfants.

4. Εριευς Ψενοσιριος γυ[νη] και vι[oι]

Herieu, fils de Psenosiri, le mari de Taneu —, sa femme et ses enfants,

5. ανηρ αυ[του] ϑυγ[ατρος] γναφευς
   γυ[νη] vι[oι]

avec le mari de sa fille, le fouleur, sa femme et ses enfants.

6. Πανεχα[υς?] Πτουτι[o]ς και γυ[νη]
   vι[oι]

L. 20. Panecht, fils de Ptout, sa femme et ses enfants de ......

7. και τ]ους εν τοις πορο[...] ταφοις

8. ταφους Σωκρατου και των εν
   αυ[τοις]

Le tombeau de Sousikertes, le mari de Loul,

9. και εισαγο[μενων]

ainsi que les embaumés et ceux qui y reposent et ceux à y ensevelir.

10. Αινεου και η γυ[νη] και vι[oι]

Ainas, sa femme et ses enfants de Thèbes.

11. Νεχϑανο[υβις] και o ανηρ και vι[oι]

Nechtanoup, le mari de Teromechnoum, sa femme et ses enfants.

12. Παντεγυ.... Πετεμι[νις] και vι[oι]

L. 25. — — — Petemin, son mari et ses enfants de Pmech.

Col. 12.

L. 1. ταφους Τιμουϑις και των εν αυ[τοις]

Le tombeau de Timout avec ceux qui y reposent.

2. πατηρ Τεωτος χρυσοχους.

Le père de Djeoh, l'ouvrier en or, sa femme et ses enfants de Thèbes.

Col. V.

L. 3. Οννωφρις γναφ[ευς] γυ[νη] vι[oι]
   Διοσ[πολεως]

4. Σενπαμβιν και τον αν[δ]ρ[α] και
   vι[oι]

5. Πανεχ[αυς] αρτοκο[πος] γυ[νη] και
   vι[oι]

(Les premières six lignes sont détruites.)

6. Ψενχω[νσις] αρτοκο[πος] γυ[νη]
   και vι[oι]

7. Πανεχα[υς] πατηρ Ψενανου[βος]

8. Κολητις κοχλακος γυ[νη] και vι[oι]

9. Πασημ[μις], Αμενυ... γυ[νη] vι[oι]
   Με[μνονιτης]

L. 7.] sa femme et ses enfants de [

10. *Τιχνουμις*

ainsi que la portion de Tichnoum.

11. *Εφωνυχος Τμουνενφαμ[ηνεως]*

Efanch, sa femme et ses enfants de Tmonen[pament.

12. *Θοουτ[ους] και η γυ[νη] και υι[οι]*
    Παεως

L. 10. Thothoh, sa femme et ses enfants de Pahi.

Col. 13.

L. 1. *Πμενχης και η γυ[νη] και υι[οι]*
      Πενγεις

Pmench, le fils de Psenthothpemi, sa femme [et
      ses enfants de Tpene]nei.

2. *Πχορχωνσις ωσ[αυτως]*

Horchons, sa femme et ses enfants de Tpenenei.

3. *Κολλις Ψαποαρεως*

Kouri, sa femme et ses enfants de Pschapar.

4. *Πτολεμαιος γυ[νη] και υι[οι] Παπας*

Ptloumis, sa femme et ses enfants de Papa,

5. *Πετεαρποχρα[της] αδ[ελφος]*
   ομοιως

L. 15. avec Peteharpechrat, son frère, sa femme et ses
       enfants de Papa.

6. *Παχρα[της] αλιευς Απεως*

Pachrat, le pêcheur, sa femme et ses enfants
   d'Api (Ophi);

Col. 14.

L. 7. *Φρισομτους το Γ᾽ γυ[νη] και υι[οι]*

et le tiers de Phrisanto, de sa femme et de ses
      enfants.

8. *Φριπαχεους το Γ᾽ και μη[τηρ] και*
   πατ[ηρ]

et le tiers de Phripach, de sa mère, de son mari
   et de ses enfants.

9. *Φριψενχωνσις εν τοις Κερα[μιοις]*
   το Γ᾽

et le tiers de Phripsenchons de Pamontneb....

10. *και των ταφων και των εν αυ[τοις]*
    και λει-

L. 20. avec le tiers de ses gens qui appartiennent à la
       première moitié avec leurs places,

11. *τουργιων και αγνευτι[...]*

leurs liturgies et leurs quêtes.

10. *Θοουθρης Ψεναναιος και η γυ[νη]*

Thothar, fils de Psenhan, sa femme et ses enfants

11. *και υι[οι] Με[μνονιτης]*

de Padjem.

12. *Σωσος ανηρ Σενποη[ριος] Διοσ[πο-*
    λεως]

Sous, sa femme et ses enfants, le mari de Tsen-
poër de Thèbes.

Col. 14.

L. 1. *Ηρακλειδης κατοικος γυ[νη] υι[οι]*
      Διοσ[πολεως]

Helklit, le maître du sol, sa femme et ses enfants.

2. *Ψενμωνθης τε[κτων] γυ[νη] και*
   υι[οι] Διοσ[πολεως]

L. 25. Psenmont, le charpentier, sa femme et ses enfants,
       le mari de Tsenchoua.

3. *οικειος [Πα]σατις Πενγεις αδ[ελ-*
   φος]

Le beau-père de Pasa avec son frère, leurs femmes
   et leurs enfants de Tpenenei.

4. *Σενωφ..... συντους (?) ανδ[ρα]*
   και υι[οι]

5. Πετεμαυ... Φανεμαυ... Παεως   Petmu — fils de Ham — sa femme et ses enfants de Pahi.

6. Φριηραχ[λειδης] [και] μη[τηρ] και πατηρ.   Phrihelkites avec sa mère, son père, sa femme et ses enfants.

En comparant le texte grec avec ma traduction de l'original égyptien de la cinquième colonne le lecteur verra que le grec suit un autre ordre que le démotique, et que le grec, de plus, renferme quelques particularités que le démotique n'a pas. Je ne me charge pas d'expliquer ce fait. La confusion provient apparemment du grand nombre de copies qui en furent faites (pour chacun des frères une égyptienne et une grecque) et où de pareilles erreurs furent presque inévitables. Mais voici le texte grec des lign. 7 — 10 de la colonne treizième et de la colonne quinzième qui ne se trouvent pas dans l'original:

Col. 13.

L. 7. και Πετεσου[χις] μεγ[ας] κατα το ∠
    εν Απολλω[νος πολει]
    και Πμονχεους ομοιως

Col. 15.

L. 1. πατηρ Εφωνυχου
    του εν Παπας

και μη εξηι αυτωι
προσ...ειν αυτους ζημιαν

L. 5. περι τουτων
και μη εξηι αυτωι
αλλα βαλλειν . . : .
εις αυτον και των αλλων
αδιαστομων.

Pour compléter cette liste je continue de transcrire le papyrus grec. C'est la liste des trois autres enfants.

Col. 16.

Νεχθμωνθου του Ωρου
1. Πετεμοστους Αρμαιος και η γυ[νη] και
    τεκ[να]
    Αρμαις Πετεμοστουτος ομοιως
    Οσοροηρις Αρμαιος ωσαυτως
5. Σποτους Αρμαιος ομοιως
    Σποτους Φεντωισις ομοι[ως]
    Εσμινις Πατεμοστουτος ωσ[αυτως]
    Εσμινις Ιμουθου ωσ[αυτως]
    Χαπονχωνσις Σποτου[τος] ωσ[αυτως]
10. Νεχθμωνθης Σποτουτου ομοι[ως]

Col. 17.

1. Αρσιησις Πετεμοστουτος ωσ[αυτως]
    Σποτους Τεωτος ομοιως
    Αρσιησις Ιμουθου ομοιως

Ωρος Ιμουθου ωσαυτως
5. Στουρις Τεωτος
    το ∠ Ιμουθου του Τεωτος
    και της [πατρος κ]αι της μητρος
    ων μετεστι Πετοσιρει το αλλο ∠
    Αρμαις Ψενπταιος κατα το Γ̇
10.   μεχρι της ταφης μετα την
    ταφην Οσοροηρις Νεχθμω[νθης] εκα-
    σ[τος] το ∠

Col. 18.

1. ταριχευτων Κοπ[τιτου] Φιβις Ονεους και
    η γυ[νη] και τα τεκνα
    Ψενοω[ρις] Ονεους ομοι[ως] Αμενωθης
    αδ[ελφος] ωσ[αυτως]
    και Ταταπνου[μις] μητηρ Σεναροηρις Σε-
    νονιος

Αραμης και η γυ[νη] και τα τεκνα
5. *Εριευς ανηρ Τεσους ωσ[αυτως]*
   ταφους Βελλεους και τα εν αυ[τοις] και
      των εισαγ[ομενων]
   Τρυφων και η γυ[νη] και τε[κνα]
   Ερμων ομοιως
   ταφους Παμηνωθου του Φιβιος και τα εν
      [αυτοις] και των εισαγο[μενων]
10. *Ωρος Νιαφου και η γυ[νη] και υι[οι]*

Col. 19.

1. *Πετοσιρις Ταπιδυφος ωσ[αυτως]*
   Καλλιμηδης αλιευς ομοι[ως]
   Αρονπασ.... ομοιως
   μνημειον Μαπηλου και
5.   *των εν αυ[τωι] και εισαγομε[νων]*
   Ωρος Ζμινι[ο]ς παστοφο[ρος] Ισιδος
   Εριευς παστο[φορος] Αμωνος γυ[νη] και
      υι[οι]
   Ζμηθις Πετοσορσμητιος ωσ[αυτως]
   Εριενου[βις] τεκ[των] ομοιως
10. *Πανεχα[υς] τεκ[των] γυ[νη] υι[οι]*
   Πρανμοις

Col. 20.

1. *ανηρ αδελφης Πρανμοις*
   Ψεμμινις τεκ[των]
   Σινης Κοχλακος γυ[νη] και υι[οι]
   Ποιαννης επι του κοχλα[κος]
5.   *και η γυ[νη] και οι υι[οι]*
   Παης μεταβολης
   πατηρ Ψεμμω[νθου] Ονεους
   πατηρ Παχνου[μις] κρω......
      εν τοις Κεραμ[ιοις]
10. *πατηρ Σετφανεους ωσ[αυτως]*
   Ταγηρις και ο ανηρ και υι[οι] ωσ[αυ-
      τως]

Col. 21.

1. *Φιβις και η γυ[νη] και οι υι[οι] λαρεμ.*
   Φριπανουπιος και Ανωιπεους και .. ανωρ.

Ταπχωνσις και ο ανηρ και υι[οι]
   Απεως
5. *Ψεννισους και η γυ[νη] υι[οι] Απεως*
   Πασημις Απιεους Τμουνονκοηπεως
   Ψενανου[βις] Χε[.....] τεκ[των]
   Πεμσαις και η γυ[νη] και υι[οι] Τολκεως
   Πετεαρπρης Ψεν..εους ωσ[αυτως] Πμου-
      νε[μουνεως]
10. *Σενοω[ρις] και ο ανηρ και υι[οι] ωσ[αυτως]*
   πατηρ Εριενου[βιος] του Παεως ανα Τμου-
      νενφα[μηνεως]

Col. 22.

1. *Πορτομμηθ[ις?] και ο ανηρ και υι[οι]*
   Τμουτε..υ
   Ψεμμω[νθης] μη[τρος] Τκαλεους
   Πετεαρπρης Πιβουτιος
   Πετεμητις και η γυ[νη] και υι[οι] Ερμ[ων-
      θεως]
5. *Σομβησις μελισσου[ργος?] και γυ[νη] και*
      υι[οι] Ερμωνθεως
   Φριθοτευς και τους ταφους
   Ταχνουμις φαλακρ[ος] και ο ανηρ και
      υι[οι] Ερμ[ωνθεως]
   Ψενοσιρις ψω Με[μνονιτης] ολιγα.β
   Θαησις και ο ανηρ και υι[οι] Παεως
10. *Ψεμμω[νθης] μητρος Σλιλοβινις Παεως*
   Παμης φαλακρ[ος] Παεως.

Col. 23.

1. *Φθομμουθης μη[τρος] Τιμωνθιος Παεως*
   Αρεσουις Πενγεις
   Ψεννισους ομοι[ως] ωσ[αυτως]
   Αρμαχορος Τμουνενπιβηαρ
5. *Αρενοω[ρις] Πενγεις*
   Πετοβασ[της] και η γυ[νη] και υι[οι] Παπας
   Ποβενς Καλλου... και η γυ[νη] και υι[οι]
      Με[μνονιτης]
   Χορτονοτις αδ[ελφος] Οηρευ... και ο ανηρ
      και υι[οι] Διοσ[πολεως]

10. το ∠ Ψενκαϑους Πινσινις
    Σιστασις και η γυ[νη] υι[οι] Διοσ[πολεως]
    Col. 24.

1. Φαγωσις Ε..ρις γυ[νη] και υι[οι] Διοσ[πο-
    λεως]
    Πεμσαις Ψενοσιριος κυβ[ερνητης]
    γυ[νη] και υι[οι]
    Σαρας κυ[βερνητης] και γυ[νη] και υι[οι]
5. Ιναρως Ψενοσιριος και γυ[νη] και υι[οι]
    Πεβως Ψενοσιριος ωσ[αυτως]
    Ψενχω[νσις] Χωνσιος(?) γυ[νη] και υι[οι]
    Με[μνονιτης]
    Αλεξανδρος παλαιστης
    γυ[νη] και υι[οι Διοσ[πολεως]
10. Σεναμου[νις] ϑυ[γατηρ] και τον αν[δρα]
    και υι[ους]
    Ανηρ Σενχω[νσιος] γυ[νη] και υι[οι]
    Col. 25.

1. Ταφους Αμμωνι[ο]ς τε[κτωνος] και των
    εν αυ[τοις] και επαγο[μενων]
    πατηρ Φατρεους αρτοκοπ[ου] και γυ[νη]
    και υι[οι]
    Εριευς Μεσοηριος τεκ[των] ωσ[αυτως]
    Τεως Μεσοηριος ωσ[αυτως]
5. Τεως χηνοβοσκος ομοι[ως]
    Πατεν...τους Με[μνονιτης] και η γυ[νη]
    και υι[οι]
    Ψεναμου[νις] μη[τρος] Τασουανιος και
    γυ[νη] και υι[οι]
    Διοσ[πολεως]
    Ωρος Πτονιδους γυ[νη] υι[οι] Με[μνονιτης]
10. Παλϑη..ης Κατηιος και γυ[νη] και υι[οι]
    Παεως.
    Col. 26.

1. Σετινις και η γυ[νη] και υι[οι] Τμουνενπιβη.
    Πορεγεβϑις Ψαμη[νιος] ωσαυ[τως]
    Σεμμινις και τον αν[δρα] και οι υιοι
    Ψαμη[νιος]

    Ετης γυ[νη] Πορεγεβ[ϑιος] και τον αν[δρα]
    και υι[οι]
5. Αρχολινησις γυ[νη] υι[οι] Με[μνονιτης]
    Οσης Ασαησης γυ[νη] και υι[οι] Διοσ[πο-
    λεως]
    το ∠ πατηρ Ζμινις παστ[οφορος] Πηεως
    Νεχου[ϑης] Ψενφανεους γυ[νη] Διοσ[πο-
    λεως]
    Ψενχω[νσις] Ασαεισους Διοσ[πολεως]
10. το ∠ Πετεσου[χιος] μεγα[λος] ταριχευ[του]
    Col. 27.

1. το ∠ Πμενχεους ταριχευ[του]
    το Γ´ Φρισομτους
    το Γ´ Φριπαχεους και η μητ[ηρ] και πατ[ηρ]
    και το Γ Φριψενχω[νσιος] τα Κεραμ[εια]
    και των μη ωνομασμε[νων] και
    αδι[αστομων] και λογειων και λει-
    τουργι[ων]
    Col. 28.

1. Πετοσιρει Ωρου
    Χαπονχωνσις και η γυ[νη] και τους υι[ους]
    Ζμινις Αρμαιος ομοιως
    Πατεμοστους Πετενεφω[του] ομοιως
5. Ωρος Ιμουϑου   ωσ[αυτως]
    Τικαμτις Ιμουϑου ομοιως
    Οσοροηρις Σποτουτος φεντομμιζης και...
    Αρυωϑης Νεχϑμω[νϑου] και γυ[νη] και
    υι[οι]
    Τεως Ιμουϑου ομοιως.
    Col. 29.

1. Πατεμοστους Ιμουϑου και η γυ[νη] και
    υι[οι]
    Χαπονχωνσις Σποτουτος   ωσ[αυτως]
    το ∠ Ιμουϑης Τεωτος και η μητηρ
    και πατηρ
5. ταριχευτων Κοπ[τιτου]
    Αρπαησις και η γυ[νη] και υι[οι]
    Ακις ομοιως

Ιμουθης Απολλω[νος πολεως] ωσαυ[τως]
το Γ̄ Ιμουθης Ζμινος εις της ταφης
10. μετα την ταφην Πετοσιριος και Νεχθ-
μ[ωνθου]

Col. 30.

1. Αρμαις Φενπταιος ομοιως εις της ταφης
ταφους Ωρος Αρρουκιος και των εν αυ-
[τοις] και εισαγο[μενων]
Ψενχωνσις Ωρου και η γυ[νη] και υι[οι]
Αρτεμιδωρος ομοιως Διοσ[πολεως]
5. ταφους Πολυπερχωντος και των εν αυ[τοις]
και εισαγο[μενων]
Ερωπενης μη[τρος] Ταμουνιος γυ[νη] και
υι[οι]
Στρατων και η γυ[νη] και υι[οι] Διοσ[πο-
λεως] μη[τρος] Αταυρης
αδελφος
(Στρατων μητρος Τατεπνου[μιος?])
Σεναμων[ις] και τον αν[δρα] και τους υι[ους]
10. ταφους Τανονητιος και των εν αυ[τοις]
και εισαγο[μενων]

Col. 31.

1. Παβουχις πατηρ Μαρανιτος
Τρομους κ[αι] τον αν[δρα] και υι[ους]
Θαυβασ[τις] Πμουχονπρατιος
και αν[δρα] και τους υι[ους]
5. Πετεμι[νις] Μαιενουριος
ταφους Κεφαλων σιδηρουργος
και των εν αυ[τοις] και εισαγο[μενων]
Φριπετελων και πατηρ Φριπε...τιος
και Ουανωσι
10. το ∠ Ζμινος παστοφο[ρου] Πηεως
Σομως παστοφο[ρος] Ερμου

Col. 32.

1. Πανησις ψω Ανομπισις παστο[φορου]
Τεβιρανς Διοσ[πολεως]
Ψεναμενωφις τεκ[των] γυ[νη] υι[οι]
Διοσ[πολεως]

5. υι[ος] Ψενποηριος σιδη[ρουργου] γυ[νη]
υι[οι] Διοσ[πολεως] και αδ[ελφος]
Πετεχω[νσις] τεκ[των] γυ[νη] και υι[οι]
Διοσ[πολεως]
Ωρος Ποαξιος και γυνη] υι[οι] Διοσ[πο-
λεως]
Ψενχω[νσις] χρυσ[οχους] Πινπαμηνεως
Τεως κυβ[ερνητης] γυ[νη] και υι[οι] Διοσ-
[πολεως]
10. Ωρος Πεμιου κω[ ] ιερεων
Αρνωθης Η[ ] γυ[νη] και υι[οι] Κεραμ[ιοις]

Col. 33.

1. υιος Θαμουνιος χην[οβοσκος] Κεραμιοις
υιος Απολλω[νος] Φανκανηιος ωσ[αυτως]
Σαχπηρις και τον αν[δρα] και υι[οι] ωσ-
[αυτως]
Εριευς αρτοκοπ[ος] και γυ[νη] και υι[οι]
Με[μνονιτης]
5. Πρασις και η γυ[νη] και υι[οι] Τμουνεν-
φα[μηνεως]
Απαθης και η γυ[νη] και υι[οι] ωσ[αυτως]
υιοι Μαιευριος γυ[νη] και υι[οι] Απεως
Θοτορταις παστο[φορος] γυ[νη] και υι[οι]
Απεως
Καλης και η γυ[νη] και υι[οι] Τμονονκη-
νε[ως]
Οννωφρις και η γυ[νη] και υι[οι] ωσ[αυτως]

Col. 34.

1. πατηρ Εριενου[βις] Πετεους Πμουννεμου-
[νεως]
Πασημις και γυ[νη] και υι[οι] Τμουνεν-
φα[μηνεως]
Ψεμμω[νθης] Π..κεους ωσ[αυτως]
Αγκασις και η γυ[νη] και υι[οι] ωσαυ[τως]
5. Παμω[νθης] Ψενκαλεους Θυνε[ως]
Πετεμαρνις Πιπεους Ερμω[νθεως]
...φμοιθης και Ψεννη[νουτερις] των
Ακουνιος

Πιτους και η γυ[νη] και υι[οι]
Ψεμμω[νϑης] σιδηρου[ργος] και η γυ[νη]
    και υι[οι]
Κοταιαλος και η γυ[νη] και υι[οι]
Col. 35.

1. Ψενοσιρις μεγα[ς] και η αδ[ελφη] Με-
    [μνονιτης]
    Πετεαρπρη[ς] και η γυ[νη] και υι[οι] Παεως
    Αρπαησις φαλακρ[ος] Παεως
    Πορμαντις και η γυ[νη] και υι[οι] Παεως
5. Πατις Πενγεις και γυ[νη] και υι[οι]
    πατηρ Παχνου[μις] γαλακτο[φορος] Παεως
    Ονης και η γυ[νη] και υι[οι] Παπας
    ταφους Τβειουτιος και Ερμιου
    και των εισαγο[μενων]
10. και το ∠ Πνεχϑηνιοφας
Col. 36.

1. Αρπαησις Ψενοσιριος κ[υ]β[ερνητης]
    Κεστευς Πετενεφο[του] κυβ[ερνητης]
    Πετοβασ[της] Ψενοσιριος κυβ[ερνητης]
    πατηρ Σακαλλιος Ονηλα[
5. Καμητις Σακαλλιος και γυ[νη] και υι[οι]
    Πτολεμαιος αδ[ελφος] ομοιως
    Εριεριυις και η γυ[νη] και υι[οι]
    ταφους Θεοδω[ρου] Ταχβατιος
    και των εν αυ[τοις] και εισαγο[μενων]
10. Στρατων πατηρ Τατεπνου[μιος]
Col. 37.

1. Φρισαρα[πις] και γυ[νη] και υι[οι] και
    Ουεντων
    και Πεαλια[στο]ς οικειος
    Ζμινις Καλουλιος Πμου[ν]ισιδος
    Ψενχω[νσις] Μεσοηριος
5. Παση[μις] Κοχλακιτης
    Θοτορταις Ψενναιους Με[μνονιτης]
    Αρμιττος Τμουνενφαμ[ηνεως]
    Φϑομω[νϑης] και η γυ[νη] και υι[οι] Θυ-
    νε[ως]

Ιναρως ομοιως
10. Πχοιρις Τμουνονκηνεως
    Προνχμουνις ομοιως
Col. 38.

1. Τφαγωνις Ψαμηρεους
    Μαναβους Ονεους
    Φατριος Μεμνονιτης
    πατηρ Πασημιος τεκ[των]
5. Γοργιας και τους υι[ους]
    πατηρ Σεμμου[νιος] Ταμονρα
    Φϑαννιος
    Σομτους παστο[φορος] Ερμου
    Ψενταμοννησις
10. Κονων Δωρου
Col. 39.

1. [Κο]νων Απολλωνιου
    χωρις της μητρος και
      πατρος ον εχει Οσοροηρις
    και το Γ̇ Φριπαχεους και
5.   Φρισομτους Ψενχω[νσιος]
    του εν τοις Κεραμ[ιοις]
    και των αδιαστομων των
    εν τοις Κερ[αμιοις] και των λε[ιτουργιων]
    και καρπειων.
Col. 40.

1. Ταγητος της Ωρου
    Χαποχρατις Πετενεφω[ιον] και υι[οι]
    Σεντοτοης ιερισσα
    Ονης και η γυ[νη] και υι[οι]
5. Σενεμενω[ϑης] ονεους
    ταφους Ψενοσιριος και των εν αυ[τοις]
    και εισαγομενων
    Ιμουϑης Χαποχρατου
    Αρσιησις Θοτορταιου
10. Θοτορταιος Πετεμοστουτος
Col. 41.

1. Πιντρις Πετενεφωτου
    ταφους Πταυτος και των εν αυ[τοις]

4

το ∠ Πανισης οικονομου
ταφους Σιερμων και των εν αυ[τοις] και
    εισαγο[μενων]
5. Καισορις και Τουν..ους
    Αρνασιαυτις και η γυ[νη] και υι[οι]
    Ψενχω[νσις] Κρυμιθλω... γυ[νη] και υι[οι]
    ταφους Σομφεων και των εν αυ[τοις]
      και των εισαγο[μενων] και των λει-
      τουργιων
10. Παως αλιευς και η γυ[νη] και υι[οι] Διοσ-
    [πολεως]

Col. 42.

1. Φατρης Μαιενουρις και η γυ[νη] και υι[οι]
    Ωρος παστο[φορος] Θριπιδος
    Αρευς χαλκευς γυ[νη] και υι[οι]
    Ψενωις χαλκευς ωσ[αυτως]
5. Μαιε.ωτις Πορθμεους
    πατηρ Παχνου[μιος] παστο[φορος] Ερμου
    και αδ[ελφος] του εν Απολλω[νος
    πολει]
    Ψεμμω[νθης] υιος Θρ...τος Με[μνονιτης]
    Κεμαρευς παστο[φορος] Αμωνος Απεως
10. Ψενχω[νσις] πατηρ Φαρατου παστο[φορος]
    ωσ[αυτως]

Col. 43.

1. Ωρος πατηρ Σιναρ... Ελεφαντευς
    πατηρ Εφων[υχου] τεκ[των]
    Ψενιμουθης τε[κτων] Ελεφαντεως
    Πασημις αδ[ελφος] Ψεμμι[νιος] τεκ[των]
5. Πετσητις Καθιμολοιος
    ταφους Ψεναμουνιος του Ωρου Απεως
      και των εν αυ[τοις] και εισαγο[μενων]
    Φριπεμσαις και Οβανης και Φρι
      ψενχωνσις κατα τους χολχυ[τας]

Col. 44.

1. Τοτοης Αλ...της
    Ψεντοτοης και γυ[νη] και υι[οι] αδ[ελφος]
    Πατσμητις Πενγις

το ∠ Πανουφιος Παεως
5. Πναυς γυ[νη] και υι[οι] Παπας
    Πασημις [....] γυ[νη] και υι[οι]
    Πενγεις
    Τπιονχω[νσις] και η γυ[νη] και υι[οι] Κε-
    ρα[μιοις]
    Ψεμμω[νθης] Φτατος ωσ[αυτως]
10. Ε..σις γυ[νη] και υι[οι] Κερα[μιοις]

Col. 45.

1. θυγατηρ Τιτουτος μητηρ Παισεου[...
    Πνουχις Οννωφριος Με[μνονιτης] και η
      γυ[νη] υι[οι]
    Πετεψαις Οννωφριος Με[μνονιτης] και η
      γυ[νη] υι[οι]
    το ∠ Οννω[φριος] και η γυ[νη] και η
      αδελφη ων
5.   μετεστι Οσοροηρει το αλ[λο] ∠
    το ∠ Σενθωτιος ομοιως
    Πετεσουχις και γυ[νη] και υι[οι] Με[μνο-
    νιτης]
    Τεεφιβις και η γυ[νη] και υι[οι] Με[μνο-
    νιτης]
    το ∠ Αμενωθου βουκολου
10. Τναφερσαις και ο ανηρ και υι[οι] Απεως

Col. 46.

1. Σομτους κυβ[ερνητης] ιερου... και γ[υνη]
    και υι[οι] Απεως
    Φριοσης και των συν.... και εισαγο[μενων]
    Τοτοης Καρριτος Τμονονκηνεως
    πατηρ Ανατισις Τολκεως
5. Πασημις π[ατ]ηρ Αμιτος Πμου[νεμουννεως]
    Παχνου[μις] ψω. και γυ[νη] και υι[οι]
    Πμουννεμου[νεως]
    υιοι Ταποηριος και τας γυ[ναικας] και
    υι[ους]
    Πμουννεμου[νεως]

Αρσιησις γαστρων και η γυ[νη] και υι[οι]
10.   Πμουνε[μουννεως]

Col. 47.

1. Πετεαρηκις και γυ[νη] και υι[οι] Θυννεως
     Σιθις Πατινεος Πινπωωρ
   Ψενχων[σις] Πιπεους Ερ[μωνθεως] και
        γυ[ναικα] και υι[ους] και τας
   αδελφας Β
5. Χεσοω[ρις] Φαμηνιος και γυ[νη] και υι[οι]
   Χεσοω[ρις] Σταωρ[ιος] και γυ[νη] και υι[οι]
        Ερ[μωνθεως]
   Πασουχις οικειος και γυ[νη] και υι[οι]
   Ωρος Τχαλλαμις και γυ[νη] και υι[οι]
        Με[μνονιτης]
   Αχονρης και η γυ[νη] και υι[οι] Παεως
10. Αρπαησις και η γυ[νη] και υι[οι] ωσ[αυτως]
   πατηρ Ωρου τεκ[των] και η γυ[νη] και
        υι[οι] Παεως

Col. 48.

1. Παχνουμις Φνακιτιος ομοιως
   Νεχολυς και τον αν[δρα] και υιους
   Αλιως και η γυ[νη] και υι[οι] Με[μνονιτης]
   υιος Εριευς και Πετεαρπρης
5.   και Πεκυθης και γυ[νη] και υι[οι]
   Πτολεμαιος και Νεγαω ιατρος
        και η γυ[νη] και υι[οι]
   Μωνθης Γοπι.υ[...] και γυ[νη] και υι[οι]
        πατηρ
   μητ[ηρ] [αυ]του εν τοις Αλχου
10. Πετεχων[σις] Βουτος Παεως

Col. 49.

1. των δ' αλλων αδιαστομων
   ....ψεσθαι την Ταγην
   το Ε̇   του δε λοιπου Α̇Ι̇Α̇
   εις Οσοροηρις και Νε[χθμωνθ]ης
   και Π[ε]τοσιρις εκα[στος] κα[τα το] Γ̇

Col. 50.

1. Ετους Δ Μεσωρη κη̄ [ιετακται] επι την εν Ερ[μωνθει] τρα[πεζαν]
2. εφ ης Αμμωνιος Ι̇[1] εγκυ[κλιου] κατα διαγρα[φην] Πτολεμ[αιου] τελ[ωνου]
3. υφ ην υπογρα[φει] Ασκληπ[ιαδης] ο αντιγρα[φευς] Οσοροηρις Ωρου
4. και οι αδ[ελφοι] τελ[ος] δ..... των υπαρχουσων Ωρωι πατρι
5. χαλκου ταλ. Β τελ[ος] 2Σ
        [Αμ]μω[νιος] τρα[πεζιτης]

---

[1] c. à d. δεκατης.

COMMENTAIRE.

Vous avez vu, Monsieur, que l'introduction, formant à peu près deux pages de la copie grecque, manque tout entière dans le manuscrit démotique. Ce manuscrit, qui, sans doute, n'avait d'autre destination que de servir de certificat à Osoroér, est accompagné d'une note marginale dont les caractères, altérés il est vrai, sont cependant assez lisibles pour présenter un sens complet. En voici la traduction:

> »L'an IV le 16 du mois de Paôni
> »c'est le jour de partager les droits funéraires
> »entre eux.«

Col. I. Lign. 1. Osoroér.] La composition de ce nom propre égyptien étant parfaitement connu (Osiris l'aîné, ⲟⲧⲥⲓⲣⲓ ⲟⲧⲏⲣ) il ne me reste que quelques mots à ajouter sur la transcription grecque Οσοροηρει, nominatif Οσορ-οηρ-ις. Je ferai observer d'abord que, dans les transcriptions grecques, le mot égyptien ⲟⲧⲏⲣ, ⲱⲏⲣ (raçine *our*) est rendu ou par οηρ comme ici (et plus bas col. II lign. 31 dans le nom de *P.oér*, le grand, en grec Ποηρις) ou par ωηρ. C'est ainsi qu'on lit p. ex. très souvent dans les inscriptions grecques gravées comme dédicaces sur les temples égyptiens la phrase: Le roi ou les rois (suivent les noms) ont dédié ce temple »Αρωηρει θεω μεγιστω«, à Aroéris dieu très grand. Plutarque a écrit οϋηρ dans le passage si connu ἔνιοι δέ φασιν καὶ τὸν Ἀρούηριν οὕτω γεγονέναι καὶ καλεῖσθαι πρεσβύτερον Ὧρον ὑπὸ Αἰγυπτίων, Ἀπόλλωνα δὲ ὑπὸ Ἑλλήνων. Un autre auteur enfin donne aussi ερ comme équivalent grec dans le surnom de la déesse Isis *T.ouer-mau.t.*, la grande mère qu'il trauscrit par Θερμουθις. — Quant à ce datif Οσοροηρει il faut remarquer en général que la déclinaison grecque des mots en -ις varie; c'est tantôt en ιδος, tantôt encore en ιος qu'on forme le génitif. Pour le datif enfin on rencontre les formes -ιδι, -ει ou -ι. Dans les papyrus grecs les dernières en -ιος, -ει sont les plus usitées.

Lign. 2. Nechtmont fils d'Hormai] Le nom de cet individu Nechtmont, Νεχθ-μωνθ-ης, ultor Mont, se décompose en *necht* et *mont* (nom d'un dieu). Le groupe: *necht* est formé de signes idéographiques mixtes. Le bras armé de l'écriture hiéroglyphique, joint aux signes phonétiques, se prononce ⲛⲉⲭⲧ, mot qui répond au copte ⲛⲁϣⲧⲉ et qui signifie: protectio, fortitudo, protegere. L'exactitude de ma traduction: ultor est établie par la comparaison de plusieurs passages du texte démotique de l'inscription de Rosette. Ainsi lign. 6 on lit: *Hor si Esi si Osiri et-necht pef-aut Osiri*, passage que le text grec correspondant (lign. 10) rend mot-à-mot par

Ὧρος ὁ τῆς Ἴσιος καὶ Ὀσίριος υἱὸς ὁ ἐπαμύνας τῷ πατρὶ αὐτοῦ Ὀσίρει. A propos de ce sur-nom de vengeur, je m'empresse de citer une assertion de M. Bunsen qui se trouve ainsi pleinement confirmée: de deo Mantu, Mandu, dit le savant diplomate, multum est disputatum; Wilkinson optime monuit appellari hunc deum in inscriptionibus »ultorem in hostes«, quod unice cum Martis natura convenit. [1]

Rien de plus connu que le second nom Ἁρμαις dont la première syllabe est le nom du dieu Horus (Ἁρ), l'Apollon égyptien. Pline, dans son histoire naturelle, le cite en parlant du sphinx, près des pyramides de Memphis. »Harmaïn regem, dit-il, putant in ea conditum, et volunt in-vectam videri.« [2] M. Bunsen fait sur ce passage la remarque suivante: Plinius hic ex more suo regis praenomen expressit, quo ab aliis ejusdem nominibus regibus distingueretur. Harmais Aegy-ptiace est Har-mai, i. e. ab Horo dilectus. [3] Je ne saurais admettre cette définition pour le texte démotique qui, si cela était, porterait dans la seconde partie de ce nom les caractères bien connus du mot égyptien ⲙⲁⲓ, amare, diligere. Il y aura lieu plus tard de revenir sur ce nom. Il se retrouve, de plus, dans le canon de Manéthon et ailleurs, où le roi Armaïs est identifié avec le Danaus de la mythologie grecque. [4] La forme hiéroglyphique n'en a pas été trouvée encore. Cepen-dant les récits de plusieurs auteurs anciens constatent qu'Armaïs fut le frère de Rhamsès II (le grand) et régent dans l'absence de son frère.

Lign. 5. Imouth, Ιμουθης] Nous étudierons plus bas le groupe démotique représentant le nom du dieu Imouth (Ἀσκληπιος grec) écrit dans les hiéroglyphes *I-m-hotp*. Ici je me borne à dire que les signes démotiques ne sont pas phonétiques, mais idéographiques.

Lign. 6. Sepotou, Σποτους] Ce nom signifie mot-à-mot» fils de leur monde«, ou »fils de leur cinq.« Le premier signe dérive de l'hiéroglyphe représentant l'idée: fils, SE (l'oie, v. pl. II num. 1.) transmis par l'écriture hiératique.

Lign. 7. Semète, Εσημητις] Le nom de cet individu se décompose ainsi: *se-mete*, en copte ⲋⲏ-ⲙⲏⲧⲉ, et signifie littéralement filius medii.

Lign. 8. Chapechrat, Χαποχρατης] La dernière partie de ce nom *pechrat*, πο-χρατ-ης répond au mot copte usité seulement au pluriel ϭⲣⲟϯ ou ϫⲣⲟϯ, ⲅⲣⲟⲧ, filii, nati. Le signe démotique (Pl. II, 2) qui est de la classe des caractères mixtes phonétiques, ainsi que son primitif hiéroglyphique (3) [5] et se prononce *cher* ou *char* forme avec le complément qui suit t la racine

---

[1] Dans le troisième tome de son ouvrage Aegyptens Stelle in der Weltgeschichte. Hamburg, 1845, pag. 64. La remarque se rapporte à un passage d'Eratosthène (catalogue des rois égyptiens no. 21) où, d'après l'interprétation grecque σχετικος ως Αρης, il avait fallu lire dans le texte le nom de Mont, Mandou.

[2] Plin. hist. nat. liv. XXXVI chap. 77.

[3] Aegyptens Stelle in d. W. tom. III p. 87.

[4] Jos. contr. Apion. liv. I chap. 15. G. Syncelli Chronogr. ed. Dindorf. Paris, 1829 pag. 63, 71 et suiv.

[5] V. Lepsius, lettre à M. Rosellini sur l'alphabet hiéroglyphique p. 55, qui place le groupe hiéroglyphique dans la classe des caractères intermédiaires et plus spécialement dans celle des signes initiaux d'une valeur phoné-tique limitée.

du mot copte. Il ne faut pas confondre ce signe avec un autre signe démotique très semblable (4) qui n'a point ce complément t, se prononce *se* et signifie aussi »filius« (*p.se*) ou »filia« (*t.se*).

Lign. 10. Tnihiba.t la fille défunte] Les six lignes suivantes présentent des noms qui se rencontrent encore dans plusieurs contrats de vente démotiques, antérieurs à cet acte, conservés au musée royal de Berlin. C'est encore Horus le père qui, par ces contrats, vend à plusieurs de ses enfants quelques tombeaux désignés dans notre liste. Ce fait prouve que cette liste contient la récapitulation de tous les dons faits antérieurement par le père Horus à ses enfants.

C'est ainsi que Tnihibat, la fille défunte, (nom altéré par le scribe grec Πιβις και οι υιοι) est nommée dans le contrat démotique cité plus haut (pag. 11). On y lit: »Hor fils d'Hor a dit »à Tavé, fille d'Hor: je te donne les liturgies du prêtre d'Ammon (par-dessus les liturgies de ta »mère) Chapechrat fils de Petenoufhotp, de sa femme et de ses enfants, ainsi que celle de Tnihib, »sa soeur.«

On retrouve encore les quatre autres noms dans ce contrat. Voici le passage:

»L'an LIV le 19 du mois Thoth, sous le règne de Ptolémée toujours vivant, Hor, fils d'Hor, »dont la mère est Tsenpoér a dit à Osoroér, fils d'Hor: Mon fils aîné, je te cède (les corps de) »Psenasechi, fils d'Osoroér, de sa femme et de ses enfants, ceux de Pchelchons, fils d'Osoroér, [1] »de sa femme et de ses enfants, ainsi que leurs places dans le tombeau d'Abounane (ou d'Abou »nofre,) [2] ainsi que le tombeau d'Osoroér fils de Pchelchons, avec sa femme et ses enfants, le »tombeau de Psenchons, fils de Pana, avec sa femme et ses enfants et avec ceux qui y reposent, »ainsi que tous les effets funéraires que m'a laissés Hor mon père.«

Suit un autre paragraphe qui commence en ces termes:

»Hor, fils d'Hor, Nechtmont, fils d'Hor, Petosiris, fils d'Hor, ont dit à Osoroér, fils d'Hor: »Mon frère aîné, [3] nous te cédons le tombeau de Sepentet avec ceux qui y reposent.«

Un autre contrat démotique du musée de Berlin (noté Ax. 8), rédigé l'an 124 avant notre ère, traite de la cession, par Hor le père, des mêmes tombeaux à son fils Osoroér. On y trouve la liste de ceux destinés à être ensevelis un jour dans le tombeau de Sepentet. Mais en voici la version:

»L'an XLVI le 30 du mois Paôni, sous le roi Ptolémée, dieu Évergète, fils de Ptolémée et »de Cléopâtre, dieux Épiphanes, et sous la reine Cléopâtre, sa soeur, et sous la reine Cléopâtre, »sa femme, dieux Évergètes, et (lign. 2) sous le prêtre d'Alexandre et des dieux Sôters, des »dieux Adelphes, des dieux Évergètes, des dieux Philopators, des dieux Épiphanes, du dieu Phi- »lométor, du dieu Eupator, des dieux Évergètes; et sous l'Athlophore de Bérénice Évergète et »(lign. 3) sous la Canéphore d'Arsinoé Philadelphe, et sous la prêtresse d'Arsinoé Philopator; tous

---

[1] C'est son propre fils et, effectivement, notre liste démotique de Berlin porte lign. 11. »Pchelchons mon troisième fils.«

[2] Le texte porte *»pou-ana.ou-hotep en t.hi-en-Abou-nane«* littéralement »leurs places pour reposer dans la maison (dans le tombeau public) d'Abounane.«

[3] Lisez: »notre« ou »leur frère aîné.«

»établis à Alexandrie et à Psi[1] dans la Thébaïde, A DIT le pastophore d'Ammon-Ophi, dans la grande
»maison occidentale de Thèbes, Hor, fils d'Hor, dont la mère est Tsenpoér (parlant) au pastophore
»(lign. 4) d'Ammon-Ophi, dans la grande maison occidentale de Thèbes, Osoroér fils d'Hor, dont la
»mère est Schachpri (Σαχπηρις): Mon fils aîné, je te cède les droits funérairs écrits ci-après chez
»les personnes dont voici la liste des noms: Psenasechi fils d'Osoroér avec ses enfants et leurs
»femmes, Pchelchons fils d'Osoroér avec (lign. 5) ses enfants qui sont parmi les morts, et leurs
»femmes, et avec ses enfants qui sont parmi les Égyptiens[2] avec leurs femmes, ainsi que leurs
»places pour reposer; et le tombeau de Pchelchons fils de Pana avec ceux qui y reposent; ainsi
»que le quart de ma portion qui me revient du tombeau d'Abounane; (lign. 6), ainsi que le
»quart des morts qui m'appartiennent dans le dit tombeau et dont voici la liste: Hormai fils de
»Nechtmont, Chapochons fils de Nechtmont, Imouth fils d'Osoroér, Senouchmoun son frère, Cha-
»pochons son frère, Semin fils d'Harmai, Harmai fils de Sepoutou, Chapochons (lign. 7) fils de
»Sepoutou, Sepoutou fils de Nechtmont, Imouth fils de Petenoufhotp, Petamensato fils de Pete-
»noufhotp, Osoroér fils de Petenoufhotp, Imouth fils de Semin, Semin fils de Petamensato. Total:
»morts 15, qui sont à moi pour les déposer dans le dit tombeau dont j'ai vendu le quart;
»ainsi que le quart de leurs enfants (lign. 8) et de leurs femmes; ainsi que le quart de ma moitié
»ce qui fait le huitième[3] des autres morts dont voici la liste: Harsiesi fils de Nechtmont, Hordja
»fils de Nechtmont, Nechtmont fils de Petamensatou, Harsiesi fils de Petamensatou, Djeoh fils
»d'Imouth, Imouth fils de Sepoutou, Imouth fils d'Osoroér, Sepoutou fils d'Imouth, (lign. 9) Hor
»fils d'Osoroér, Semin fils d'Osoroér, Osoroér fils de Sepoutou, Sepoutou fils de Harsiesi, Sepoutou
»fils de Chapochons, Hor fils de Chapochons. Total: morts 14, dont je t'ai donné le quart de
»ma moitié, ou le huitième, ainsi que le huitième de leurs enfants et de leurs femmes; ainsi que
»le quart de 3 morts à ensevelir dans le tombeau (lign. 10) de Hela (et) dont voici la liste:
»Chapechrat fils de Petenoufhotp, Semete fils de Petenoufhotp, Chapechrat fils d'Hor. Total:
»morts 3, dont je t'ai donné le quart, avec leurs enfants, leurs femmes (et) leurs places pour
»reposer, ainsi que le quart du tombeau de Sebentet et de ceux qui y reposent avec leurs femmes
»et leurs enfants; ainsi que le cinquième (lign. 11) de mes liturgies de la part des Égyptiens et
»le cinquième de celles des Asiatiques dans les tombeaux qui m'appartiennent au village de Djom
»et en chaque village ou toute autre habitation; ainsi que le cinquième des liturgies qui me
»(reviennent) des Égyptiens avec le cinquième de celles des Asiatiques dans les tombeaux appar-
»tenants à Schachpri, fille d'Amenhotp, (lign. 12) ta mère, en chaque village ou toute autre habi-
»tation; ainsi que le cinquième de mes effets en or, en argent, en cuivre etc.«

Voilà la partie essentielle du contrat égyptien qui concerne la plupart des personnes dont
parle le vôtre. J'en ajoute les dernières lignes:

---

[1] C'est le nom égyptien de Ptolémaïs, en copte ⲠⲤⲞⲒ, ⲠⲤⲰⲒ ou ⲮⲞⲒ, ⲮⲰⲒ. V. pag. 8.

[2] C'est-à-dire qui vivent encore.

[3] On lit en démotique: *ouh pe* $\frac{1}{4}$ *en pa.pech en iri pe* $\frac{1}{8}$ littéralement »ainsi que le quart de ma moitié
qui fait le $\frac{1}{8}$.«

»Cela est dit pour être écrit par le pastophore d'Ammon-Ophi, Hor fils d'Hor, dont la mère
»est Tsenpoér, le mari susdit,[1] à l'effet d'arrêter tous les points susdits, afin que tout se fasse
»selon ce que porte chaque mot ci-devant. Mon coeur est satisfait par cela . . . . . Écrit par Har-
»siesi fils de Chonsnecht, scribe au nom de Semète fils d'Osoroér, le prophète de Djom. «[2]

Mais arrêtons-nous un moment pour examiner de plus près quelques-uns de ces noms pro-
pres. Celui de Pchelchons, $\Pi\chi\iota\varrho\chi\omega\nu\sigma\iota\varsigma$, est un composé: *p.chel-Chons*, c'est-à-dire »l'enfant de
Chons.« La groupe démotique fils, déterminé par le signe représentant l'idée jeunesse, répond
exactement aux signes hiéroglyphiques (Voir pl. II no. 5) *p.scher* ou *p.schel*. Ces termes forment
tous les deux la racine du memphitique Ⲇⲉⲗ, du thébain ϩⲣ, ϩⲉⲣ et du baschmourique ϩⲉⲣ
dans la composition Ⲇⲉⲗϣⲓⲣⲉ, ϩⲣϣⲓⲣⲉ, ϩⲉⲣϣⲏⲗⲓ, $\nu\varepsilon\alpha\nu\iota\sigma\kappa\sigma\varsigma$, juvenis, adolescens. Je ferai
remarquer ici que la transcription $\pi.\chi\iota\varrho$ du papyrus grec rédigé à Thèbes, s'applique parfaitement
à la forme thébaine ϩⲣϣⲓⲣⲉ. Le même mot se représente dans la première ligne du texte
démotique sur la pierre de Rosette où on lit: *p.chel et-sa seten en t.hes pef.aut* »juvenis qui
apparuit rex in sede patris sui.« Le texte grec rend ce passage par: $[\beta\alpha\sigma\iota\lambda\varepsilon\acute{v}o\nu\tau\sigma\varsigma]$ $\tau o\tilde{v}$ $\nu\acute{\varepsilon}o\nu$
$\varkappa\alpha\grave{\iota}$ $\pi\alpha\varrho\alpha\lambda\acute{\alpha}\beta o\nu\tau\sigma\varsigma$ $\tau\grave{\eta}\nu$ $\beta\alpha\sigma\iota\lambda\varepsilon\acute{\iota}\alpha\nu$ $\pi\alpha\varrho\grave{\alpha}$ $\tau o\tilde{v}$ $\pi\alpha\tau\varrho\acute{o}\varsigma$.

Lign. 12. Psenasechi, $\Psi\varepsilon\nu\alpha\sigma\upsilon\chi\iota\varsigma]$ L'examen de la transcription grecque de ce nom démotique m'a fourni un résultat des plus intéressants. Le nom se décompose ainsi: *p.se-n-(a)sechi*,
le fils d'Asychis. Asychis n'étant pas le nom d'un dieu, la présence du déterminatif des noms de
dieux ou de rois ou de tout ce qui désigne l'idée de vénérable fait conclure avec une presque
certitude à un nom de roi égyptien. Et en effet Hérodote nous a fidèlement transmis ce nom.
Dans le deuxième livre de ses histoires d'Égypte en parlant, suivant les récits des prêtres ou de
quelque interprète qui lui expliqua les monuments des rois constructeurs des fameuses pyramides
(chap. 124 — 136), il nomme d'abord Chéops qui en érigea la plus grande, puis Chephren, son
frère et son successeur, puis Mycerinus, fils de Chéops, qui y ajouta la troisième, et enfin Asychis
($\mathit{A}\sigma\upsilon\chi\iota\varsigma$) qui fit construire une pyramide en brique pour lui servir de tombeau. Impossible, selon
moi, de douter un instant de l'identité de ce nom et de celui de notre liste grecque. Passons à
l'examen de l'équivalent démotique qui nous servira peut-être à trouver le nom hiéroglyphique de
cet Asychis. Le nom se trouve trois fois: dans notre papyrus d'abord et puis dans les deux
papyrus (no. 8 et 12) du musée de Berlin mentionnés ci-dessus. Voici ces trois variantes (Pl. II
no. 6) abstraction faite des deux premiers signes bien connus *p.se-n* (Voir no. 7) qui signifient
»le fils de.« On rencontre d'abord un signe qui, ne faisant point partie de l'alphabet général
démotique, ne peut être qu'idéographique. L'une des trois variantes n'ayant après ce signe que

---

[1] C'est-à-dire de Schachpri, de $\Sigma\alpha\chi\pi\eta\varrho\iota\varsigma$.

[2] Le nom de ce village consacré à Djom, l'Hercule égyptien, se rencontre assez souvent dans les manuscrits
démotiques. Là où des enrégistrements grecs accompagnent des actes démotiques, le scribe grec transcrit ce nom
par $\Pi\alpha\varkappa\varepsilon\mu\iota\varsigma$. (V. p. ex. l'enrégistrement grec dans le papyrus Ax. 9 du musée de Berlin, expliqué avec d'autres
par M. Droysen dans un article inseré au Journal le Rheinisches Museum tom. III p. 508 et suiv. sous le titre
»Ueber die griechischen Beischriften von fünf ägyptischen Papyrus.«)

la voyelle i, les autres la syllabe *chi*, j'en infère que ce signe est syllabique et se prononce *souch*, (et avec la voyelle i: *souchi*). A présent quel sera l'hiéroglyphe dont dérive notre caractère démotique? Les trois petits crochets du sommet font présumer tout d'abord que le signe hiéroglyphique se compose de trois traits caractéristiques bien distincts. Les lettres démotiques p (no. 8) et sch (no. 9) p. ex. suivent cette analogie. Mais, pour abréger, n'est-il pas indubitable que le signe démotique en question soit la forme légèrement esquissée de l'hiéroglyphe (no. 10), qui répondrait au son *souch*. Que l'on ne s'étonne pas, au reste, de la voyelle *a* qui précède le nom grec *Α-συχις*; il en est ainsi du nom du roi Thoth, successeur de Menès, que les grecs écrivent *Αθωθης*,[1] A-thoth. Après cela rien de plus aisé que de trouver le cartouche hiéroglyphique de ce roi Asychis. Prenons par exemple la série de plusieurs pharaons trouvée par M. Lepsius dans les tombeaux de hauts fonctionnaires de la nécropolis de Memphis (V. no. 11)

1.	Choufou	3.	Nofer-iri-ke-ra
2.	Asechi	4.	Ra-n-djoser

Asychis est donc le deuxième. Entre les pharaons Choufou et Asechi, il en manque, il est vrai, deux: Schafra et Menkera; mais cela n'empêche pas que la série, vérifiée par une foule de recherches, ne soit exacte; car, comme M. Lesueur l'a bien remarqué, les noms de Schafra et de Menkera ne paraissent jamais dans les inscriptions des tombeaux de ces prêtres-fonctionnaires.[2] Voici maintenant suivant les monuments la série de ces pharaons auteurs des pyramides auprès de Memphis, série en tout point conforme au rapport du père de l'histoire:

Les monuments.		Hérodote.
1. Choufou	1.	*Χεοψ*
2. Schafra	2.	*Χεφρην*
3. Menkera	3.	*Μυκερινος*
4. Oudjoserke (n'a rien fait de remarquable)		
5. aSechi	4.	*Ασυχις*

Le disque solaire *Ra* qui, dans les autres noms pharaoniques, fait partie du radical, ne paraît pas avoir été prononcé dans le nom d'Asychis; du moins il suit le nom démotique, sous la forme connue, sans être transcrit ni dans le papyrus grec de Paris, ni par Hérodote.

Voilà donc la véracité d'Hérodote prouvée d'une manière éclatante.

M. Bunsen qui, dans son ouvrage sur l'Égypte, a, le premier, appliqué une critique judicieuse à cette partie la plus ancienne de l'histoire de l'Égypte, pense que le nom d'Asychis est un nom corrompu par les écrivains; et proposant Sasychis il le place dans la troisième dynastie Manéthonienne, en l'assimilant à Sésonchérès.[3] Au lieu de lire Asychis, comme Hérodote, le cartouche précité, le savant diplomate a lu Amchoura, qu'il regarde comme identique avec le nom de Bicheris et de Biyrès de Manéthon et d'Ératosthène.[4]

---

[1] Voir ce nom dans les listes Manéthoniennes.

[2] Chronologie dès rois d'Égypte par C. Lesueur. Paris, 1848. p. 274.

[3] Bunsen, Aegyptens Stelle in der Weltgeschichte. tom. II p. 87.   [4] Id. p. 99 et suiv.

M. Lepsius enfin place ce roi dans la XXIVe dynastie, sans fixer l'époque; cependant il en parle peu et en termes fort vagues. [1]

Je ne saurais terminer cet article, sans rappeler au lecteur que ce roi est de ceux dont les noms, en souvenir de leurs bienfaits, vécurent jusqu'aux temps les plus avancés dans la bouche reconnaissante des Égyptiens. C'est pourquoi leurs noms entrent si souvent dans la composition des noms propres d'individus.

Lign. 13. avec ses places pour reposer.] Il y a en égyptien »*ouh nef.hes.ou-hotp*«, et (ⲞⲨⲞⲨ) sedes suae occasus (ⲨⲰⲦⲠ), terme presque poétique pour désigner la place où sera déposée la momie, en attendant que l'âme, après ses transmigrations, arrive à la lumière éternelle, source de tous les biens. Comme le dieu Ré (le soleil), après avoir traversé la voûte céleste, va se coucher enfin à l'occident, ainsi l'homme quand il a traversé cette vie, va reposer dans »la demeure éternelle« dans le tombeau placé

— πρὸς δυσμαῖς ἄνακτος Ἡλίου φϑινασμάτων. [2]

Je ferai une fois pour toutes l'observation que les Égyptiens avaient pour désigner le tombeau plusieures expressions de nature différente mais rendues toutes par ταφοι dans notre texte grec. [3] L'expression la plus générale est celle que je viens d'expliquer, et qui s'écrit très souvent de la manière suivante (V. Pl. II no. 12). C'est simplement »sedes«, la place du mort dans les tombeaux publics ou de famille, dont parle M. Passalacqua dans son intéressante déscription de la nécropolis de Thèbes. [4]

T.hi (no. 13) se dit des tombeaux de famille. Ce sont des parties isolées de la nécropolis commune, composées de plusieures chambres sépulcrales. D'autres tombeaux, qui portent le même nom: *t.hi* (domus), sont publics. On les distingue aisément de ceux-ci par ce qu'aux premiers se trouve joint le nom de celui qui a fait construire le souterrain pour lui et les siens. Qu'on se rappelle celui transcrit en grec par Θυναβουννεν et Θυζβενδητις, en égyptien: *t.hi-nebounen,* le tombeau Nebounen et *t.hi-sbentet,* le tombeau Sbentet.

Il y a enfin une troisième expression qui se prononce *p.ma* (V. no. 14), en copte ⲠⲘⲀ et qui signifie locus, τοπος.

Lign. 14. Osoroér le tacheté.] Voilà un surnom, un sobriquet à ce qu'il paraît, qui fait partie du signalement de l'individu. L'équivalent démotique de cette expression grecque est *p.heba* que je regarde comme la racine du mot copte ⲰⲀⲂⲒ, varium esse.

Lign. 17. De ceux qui enveloppent les momies du nome Pathyrite.] Ici le texte grec en donnant σκυτεων του Παϑυριτου s'écarte singulièrement de l'original. On lit dans ce dernier la phrase que je viens de citer et dont le sens est parfaitement sûr. Les trois signes phonétiques

---

[1] Lepsius, die Chronologie der Aegypter. p. 259 et 311 et suiv.

[2] Aeschyl. Pers. v. 204.

[3] Une seule fois j'ai lu μνημειον (V. col. 19 lign. 4), sepulcrum, en copte ⲂⲎ.

[4] V. son catalogue raisonné. Paris, 1823. p. 197 et seqq.

K.S.A répondent au mot copte ⲔⲰⲤ (curare cadaver ut sepeliatur, illud unguentis et aromatibus condiendo, illud fasciis obvolvendo; ⲔⲎⲤ, fasciis convolvi; ⲔⲀⲒⲤⲒ, fasciae sepulcrales. Peyr.) Ce qui achèverait, si bésoin était, de me convaincre c'est la présence du déterminatif générique de tous les mots qui désignent le corps humain ou quelqu'une de ses parties. [1] L'expression étant si claire d'où provient cette erreur ou ce changement voulu du scribe grec?

Quoiqu'il en soit, je ferai observer que la préparation du cuir était bien répandue et portée à un haut dégré de perfection comme tant d'autres arts mécaniques par les Égyptiens. Quant au métier je rappellerai encore ce que M. Wilkinson dans son ouvrage: Manners and customs of the ancient Egyptians. vol. III, London, 1837. p. 155 nous en a dit. »The tanning and preparation »of leather was also a branch of art, in which the Egyptians evinced considerable skill; the »leather-cutters, as I have already observed, constituted one of the principal subdivisions of the »third caste; and a district of the city was exclusively appropriated to them, in the Libyan part »of Thebes. Leather is little capable of resisting the action of damp, the salts of the earth, or »excessive dryness, so that we cannot reasonably expect to find it sufficiently well preserved, to »enable us to judge of its quality; but the fineness of that employed for making the »straps, placed across the bodies of mumies discovered at Thebes, and the »beauty of the figures stamped upon them, satisfactorily prove the skill of »,the leather cutters,' and the antiquity of embossing.« En lisant ces derniers mots il est impossible de ne pas voir au prime abord l'identité des deux expressions grecque et égyptienne, σκυτεις et *kas* dont j'ai parlé plus haut. Du reste je dois ajouter que ce n'étaient pas seulement les ouvriers en cuir qui avaient leur domicile à l'ouest de Thèbes, dans les villages, mais tous les ouvriers qui avaient quelque part à l'ensevelissement. [2]

Les mots suivants du texte égyptien se lisent sans difficulté: »*en p.toch en pa-ha.t-hor*« ⲡⲡⲧⲟⲩ ⲡⲡⲁϩⲁⲑⲱⲣ, du nome de la maison de la déesse Hathor (ou contrée consacrée à cette déesse). C'est en grec le nome Παϑυρίτης et en latin celui de Phaturites. [3] Ce nom se lit bien souvent dans les manuscrits de l'Égypte, datés du temps des Ptolémées. M. Peyron, chargé de l'explication de ceux conservés au musée de Turin, dit: »Appellatio ὁ Περιϑηβας graeca est, »ubi per se patet. Illa ὁ Παϑυριτης Aegyptia, et antiquissima. Nam regio Aegypti פתרוס »Pathros occurrit Gen. X, 14. Esai. XI, 11. Jerem. XLIV, 1. 15. Ezech. XXIX, 14. XXX, 14. »quo nomine superiorem Aegyptum seu Thebaidem intelligendam esse pluribus evincit Bochartus »Phaleg. IV, 27. Porro Jablonskius Panth. Aegypt. V, 3. §. 5, et Opuscul. tom. I. p. 198. vocem »rectissime ex Aegyptiis fontibus (?) interpretatur, ut sit regio meridei. Hinc Plinio V, 2. Pha- »turites nomus in Thebaide, et in Ptolemaeo Phatyris vicus mediterraneus prope Memnonem con-

---

[1] V. mon précis de la grammaire démotico-égyptienne p. 17 no. 14.

[2] V. ma note ci-après. Pour ce qui concerne les autres métiers dont il est fait mention dans la suite de ce papyrus, on peut lire ce qui en est dit dans l'ouvrage susdit du savant Anglais.

[3] Plin. hist. nat. liv. V chap. 3.

»tra Thebas in occidentali Nili parte positus. Sed Pathyritis nomen, quod priscis temporibus late »patebat ad omnem superiorem Aegyptum usurpàtum deinde fuit de praecipuo superioris Aegypti »Nomo Thebano.« [1]

Le lecteur sera, je pense, satisfait de l'explication de ce nom, fournie par le texte démotique. Ce n'est donc pas par »regio meridei«, comme le pense le savant abbé qu'il faudrait traduire ce mot, [2] mais bien plutôt par: »regio sacra Hathori«, consacrée à l'Aphrodite de la mythologie égyptienne. La mention de ce nom dans les plus anciens textes de l'écriture sacrée prouve au reste que le culte de cette déesse cosmogonique remonte à la plus haute antiquité.

Nous connaissons aujourd'hui parfaitement les nomes du territoire de Thèbes, au temps des Ptolémées, sur l'une et l'aütre rive du Nil; les voici: ὁ Κοπτιτης, ὁ Περιθηβας, ὁ Παθυριτης, en se dirigeant du nord au sud. C'est dans la partie occidentale (ἡ λιβυη) de la plupart de ces nomes, dans les montagnes de la chaîne libyque, que se trouvent les fameux μεμνονεια ou les villages tout près des tombeaux de la nécropolis de Thèbes.

Lign. 19. Le père Pouhor, πατηρ Ποωριος.] L'équivalent copte se présente facilement. L'article p (en copte Π, ΠE) retranché, reste *ouhor, οωρ-ις,* qui se retrouve en copte sous la forme ⲟⲩϩⲟⲣ, canis, le chien. En effet le mot démotique est déterminé par le signe générique des noms de quadrupèdes. C'est le signe que nous retrouvons p. ex. dans la partie démotique de l'inscription de Rosette l. 18. après *aha* (ⲁϩH B. ⲉϩⲉ T. M. bos,) où le texte grec porte (ἱεροι) ζωοι, [3] et l. 17 après *het* (en copte ϩⲧⲟ T. ϩⲑⲟ M. ἱππος, equus.) Le texte grec [4] porte δυναμεις ἱππικαι.

Lign. 21. Hòrmai prophète de Ptah, Αρμαις προφητης Ηφαιστου.] Encore un passage entre mille qui prouve que le dieu égyptien PTaH était assimilé par les grecs à Ἡφαιστος. Ce n'est pas cependant que la nature de ces deux divinités ait été la même; ce ne fut guères qu'une ressemblance de son qui fit admettre leur identité. La prononciation memphitique du nom de cette divinité était Phtha Φθα-ς, comme il résulte de plusieurs passages du texte grec de Rosette, celle du dialect Thébain Ptah, Πτα-ις; car, plus tard (col. XVII, 9.), ce même individu Αρμαις est nommé Ψενπταιος, fils de Psenptah, (Π.ⲥⲉ-ⲛ̄-ΠⲦⲀϩ, le fils de Ptah) au lieu de prophète de Ptah, comme ici. Il y a une grande ressemblance entre les deux signes démotiques pour fils et

---

[1] Pap. graeci regii Taur. Musei Aeg. ed. atque ill. ab A. Peyron. II, p. 28.

[2] M. Schwartze, dans son grand ouvrage: das alte Aegypten, Leipzig 1843 vol. II p. 969 s'est trompé de même sur le vrai sens de ce mot. Il nous en dit »Die Aegyptische Thebais wird im A. T. פַּתְרוֹס genannt. Im Koptischen ist S. ⲧⲟⲩ-ⲣHⲤ, M. ⲑⲟⲩ-ⲣHⲤ: auster und Πⲁ-ⲧⲟⲩ-ⲣHⲤ, ⲫⲁ-ⲑⲟⲩ-ⲣHⲤ: qui ad austrum. Daher auch die Griechisch-Aegyptische Benennung νομος Παθυριτης.« Mais ⲧⲟⲩ-ⲣHⲤ est seulement ventus australis, Notus, ⲧⲟⲩ signifiant ventus dans des mots composés comme ⲧⲟⲩ-ⲣHⲤ, Auster, ⲧⲟⲩ-ⲙϩIⲦ, ventus septentrionis, Aquilo.

[3] Lign. 31. dans le passage: τῳ τε Απει και τῳ Μνευει πολλα εδωρησατο και τοις αλλοις ἱεροις ζωοις τοις εν Αιγυπτῳ κ. τ. α.

[4] Lign. 30.

pour prophète, ce qui a été la raison pour le traducteur de confondre, dans la rédaction grecque, l'un avec l'autre.

Lign. 23. Des taricheutes du nome Koptite; ταριχευτων των εκ του Κοπτιτου.] Pour taricheutes les lettres démotiques étant peu lisibles, la valeur phonétique reste un peu douteuse; il me semble cependant à y reconnaître M, R (ou L) et enfin la voyelle A ou l'aspiration H. Ce dernier signe (no. 16) qui représente primitivement la voyelle A sert très souvent à exprimer le ϩ, qui en est peu distinct, surtout dans les inscriptions sur pierre. C'est ainsi que sur la pierre de Rosette text. dém. l. 12 on lit: *en er oun ne-arpi.ou ouo ne.romi.ou oun Kemi eu-skerh* (ⲥⲭⲣⲉϩⲧ M. ⲥϭⲣⲁϩⲧ T. tranquillitas.) »pour que les temples et les hommes, étant de l'Égypte, soient en paix.«[1] Et plus bas (lign. 23) où, suivant le texte grec, le décret porte que l'on mettrait la statue du dieu Épiphane à l'endroit le plus marquant du temple, il y a en démotique *p.ma en ounh en p.arpi*[2] »à l'endroit le (plus) apparent du temple.« Eh bien, dans notre passage ci-dessus, en admettant que la dernière lettre soit le ϩ du copte et que les signes suivants ne soient que des déterminatifs dérivés de l'écriture hiératique, nous obtenons le mot *merh* ou *melh* dont le correspondant copte a la forme ⲙⲱⲗϩ, ⲙⲟⲩⲗϩ (en hiérogl. *merh*), sale condire, salire.[3] De là à l'idée: embaumer il n'y a pas loin, ce me semble.

Reste à dire quelques mots sur le métier des embaumeurs égyptiens. Parmi les auteurs anciens qui en parlent il faut citer en première ligne Hérodote et Diodore[4] dont les rapports sont confirmés ou modifiés par les papyrus trouvés en Égypte qui y ont trait.[5] Les embaumeurs, ainsi que les ouvriers en cuire[6] et d'autres corps de métier, avaient leur demeure dans les Memnonies en face de Thèbes où ils possédaient des maisons destinées à l'exercice de leurs fonctions. Leur métier était du nombre des métiers réputés impurs.[7] Un contrat leur assurait les corps des familles de quelques villages ou de quelques parties de Thèbes. Lorsqu'un membre d'une de ces familles était mort (ou atteint d'une maladie dangereuse), on allait le déposer dans une de ces maisons. Les paraschistes et les taricheutes pratiquaient alors l'embaumement; après quoi les parents du défunt remettaient la momie entre les mains des pastophores ou, pour parler égyptien, des colchytes, pour la déposer dans le tombeau, à elle destiné;[8] cérémonie, comme nous verrons plus tard, des plus solennelles.

---

[1] Le texte grec l. 21 porte: ὅπως τα ϑ' ἱερα και οἱ εν αυτη (Αιγυπτω) παντες εν ασφαλεια ῳσιν.

[2] *ounh*, en copte ⲉⲧ-ⲟⲩⲱⲛϩ, signifie manifestus, apparens. Le texte grec porte l. 38: στησαι δε του αιωνοβιου βασιλεως Πτολεμαιου ϑεου Επιφανους Ευχαριστου εικονα εν ἑκαστω ἱερω εν τω επιφα[νεστατω τοπω].

[3] Il me paraît que le mot copte ⲙⲟⲗⲱⲛ pour momie, cité par Kircher, tient à cette racine *merh, melh*.

[4] Hérod. liv. II, chap. 86—90. Diod. I, 91.

[5] V. surtout les papp. grecs publiés par M. Peyron.

[6] V. le pap. de Nechoutes à l'appendice.

[7] V. Pap. Taur. I, p. 32. — Pour cela les embaumeurs étaient exclus de toutes les villes. Ainsi trouve-t-on que ceux de Memphis étaient attachés au temple d'Esculape, hors de la ville. Cf. Reuvens, IIIᵉ lettre p. 18.

[8] Au musée de Louvre il y a quelques petits papyrus qui contiennent les paroles avec lesquelles les plus proches parents d'une jeune fille morte en remettent le corps aux pastophores; les paroles sont: Ὑμεις ουν κατα-

Lign. 24. Hor fils d'Houn; *Ωρως Ονεους*.] En démotique il y a: *houn* (enfant, jeune), suivi du déterminatif générique marquant l'idée de jeunesse; mot que l'écriture copte n'a pas, mais dont nous connaissons très bien le groupe hiéroglyphique. Voyez les signes pl. II no. 17. Dans la lettre de M. de Rougé à M. de Saulcy sur les éléments de l'écriture démotique [1] on trouvera l'explication de ce mot qui entr' autres fait partie du surnom de Ptolémée Aulétès, *νεος Διονυσος*, rendu en égyptien par les hiéroglyphes HouN OSIRI, Osiris enfant, et par *houn Tinasi*, le jeune Dionysos, en démotique.

Lign. 25. Hor fils de Hetar.] Pour HTAR (en copte ϩⲁⲧⲣⲉ, gemellus) que le scribe grec n'a pas transcrit, voir la remarque col. IV. l. 6.

Lign. 26. Petsebek, le cadet; *Πετσουχις νεωτερος*]. On lit en démotique *Pet-sebek p.chem* (en copte: ϣⲏⲙ, tenuis, parvus). Ce nom propre signifie mot-à-mot: le don de Sebek ou Sevek, dieu représenté dans le système purement idéographique des hiéroglyphes par un crocodile, symbole qui accompagne souvent les signes phonétiques de ce nom SoBeK. (V. Champollion l. j. gram. p. 120). En grec le nom de ce dieu à tête de crocodile est donc *Σουχις*, ce qui s'accorde avec un passage de Strabon: *ὁ κροκόδειλος ... καλεῖται δὲ σοῦχος.* [2] Ce changement du B en V au reste, constaté par la comparaison des mots hiéroglyphique et démotique avec les mots grecs de Strabon et du papyrus, se rencontre encore très fréquemment en copte. — Pour ce qui est de la manière des grecs de transcrire le nom de Sebek, je citerai encore le décan *Σουχως* de Salmasius, antigraphé sans doute de l'égyptien SeBe[K] [4] et les mots suivants tirés d'un papyrus magique de Leide: [5] *Εγω ειμι ειδωλος τοις κατα αληθειαν ειδωλοις ομοιουμενος κροκοδειλω εγω ειμι Συχος* [6] »je suis une idole, pareille aux idoles, faites d'après la vérité, à un crocodile, je suis Sychos.«

Lign. 27. Pmench]. Ce nom propre, de même que celui de la ligne suivante Tsenthoth (*t.se-n-tot*, la fille de Thoth) n'est point dans le texte grec. Le mot *pmench* se retrouve dans tous les protocoles démotiques à peu près, comme titre d'un Ptolémée, là où le texte grec correspondant porte *Ευεργετης*. Une fois (col. V. lign. 11) il se trouve transcrit en grec par *Πμενχης* (*Π.μενχ-ης*). Il porte trois signes déterminatifs marquant l'idée de bonté, l'action humaine et les choses divines en général, répond exactement au mot copte ⲙⲟⲩⲛⲕ, ⲙⲟⲛⲕ, formare, effingere, construere, et signifie: formator (bonorum). L'équivalent hiéroglyphique est connu (pl. II, no. 18).

Lign. 31. Imouth fils de Semin, *I. Ζμινιος*]. A propos de ce nom *Ζμινις* je ferai une

---

σιησατε αυτην εις τους ταφους εν Μεμνονειοις, vos ergo illam deponite in sepulchris in Mennoniis. Cf. Peyron pap. graec. II p. 59.

[1] Revue archéologique du 15 Septembre 1848.

[2] Strab. liv. XVII p. 811.

[3] V. p. ex. la remarque de M. Schwartze dans l'appendice du premier vol. de l'ouvrage de M. Bunsen, pag. 534.

[4] V. Lepsius, Chron. p. 68.

[5] V. Reuvens, à l'appendice des lettres à M. Letronne, p. 156.

[6] Lisez: *ειδωλον, κατ' αληθειαν* et puis *κροκοδειλω*.

observation qui pour tous les amis de l'antiquité sera du plus haut intérêt. D'abord le mot se décompose de la manière suivante: *se-Min*, ζ-*μιν*, la sifflante égyptienne S changée devant la consonne M en Z. Min est le nom d'Ammon comme générateur et présente le son de l'hiéroglyphe symbolique ⚍, ce que j'ai exposé dans ma collection de monuments démotiques pag. 21. C'est encore le surnom du dieu Horus. Nous lisons par exemple (chap. 145 col. 75 du rituel funéraire de Turin) les mots suivants: *nek Min-Hor sont atf-ef schaa en atf-ef Oun-nofre* »moi, le dieu Min-Hor, vengeur de son père, issu de son père Onnofre (Osiris).«[1] Or, j'ai trouvé un passage de Plutarque qui s'accorde parfaitement avec la lecture que je propose. Dans le traité de cet auteur sur les dieux Isis et Osiris nous lisons chap. 56: Τὸν μὲν οὖν Ὧρον εἴωθασιν καὶ *MIN* προσαγορεύειν, ὅπερ ἐστὶν ὁρώμενον,[2] où tous les éditeurs donnent *KAIMIN* προσαγορεύειν, comme surnom, au lieu de καὶ *MIN*. Ainsi Plutarque, quelques mots après, nous dit: ἡ δ' Ἴσις ἔστιν ὅτε καὶ *MOYΘ* καὶ πάλιν *ΆΘΥΡΙ* καὶ *ΜΕΘΥΕΡ* προσαγορεύεται. Mais j'ai encore une autre preuve pour l'existence d'un dieu appellé Min-Hor. Parmi les noms de villes en Égypte il y en a une nommée Ἑρμου πολις μικρα, la petite ville d'Hermès, par les Grecs, et Damanhour par les Arabes, nom qui dérive sans doute d'un ancien mot égyptien. Dans les MSS. coptes nous rencontrons en effet le nom correspondant d'une ville ⲧⲙⲛ̄ϩⲱⲣ, ⲧⲙⲙⲛ̄ϩⲱⲣ, ⲡⲧⲓⲙⲉⲛ̄ϩⲱⲣ, ⲡⲧⲓⲙⲉⲛ̄ϩⲱⲣ, ⲡⲧⲓⲙⲉⲛϩⲱⲟⲣⲡ. Champollion le jeune l'explique par bourg d'Horus, ⲧⲙⲛ̄ϩⲱⲣ, tout en observant »que les Grecs ont eu tort de le traduire par ville d'Hermès, Ἑρμου πολις.«[3] Mais d'après ce que je viens de dire n'est-il pas indubitable que le véritable nom de cette ville dans l'ancien égyptien ne fût pas autre que *Ta-Min-Hor*, c'est-à-dire »ville consacrée à Min-Hor,« dieu que les Grecs assimilaient à Hermès (Ἑρ-μης, Her-Min cf. pag. 36)? Pour moi, au reste, il n'y a pas le moindre doute à cet égard et je pense que tout lecteur impartial se rendra à mes raisons, heureux de reconnaître le véritable nom d'une ville égyptienne citée par presque tous les géographes de l'antiquité.

DEUXIÈME COLONNE.

Lign. 4. D'Hermont, ἐξ Ἑρμωνθεως]. Le nom démotique de cette ville, bien connue par les enregistrements grecs sur papyrus trouvés en Égypte, présente dans sa seconde partie les signes très distincts du nom du dieu Mont, Μωνθ-ης. En partant du texte grec on conclurait donc à une première syllabe en ἐρ ou ἑρ, supposition d'autant plus probable qu'en copte il est très sûr qu'on écrivait ⲉⲣⲙⲱⲛⲧ, ⲁⲣⲙⲟⲛⲑ.[4] Mais le groupe démotique de la première syllabe n'est autre chose que cet autre hiéroglyphe (no. 19) transmis par la forme hiératique, groupe qui paraît

---

[1] C'est donc Ammon avec Hor qui porte le titre de MIN. Voici la raison pourquoi ce signe symbolique est suivi ordinairement des caractères du duel: *ti*, le double Min.

[2] De cette racine MIN dérivent les mots coptes ⲙⲁⲉⲓⲛ T. ⲙⲏⲓⲛⲓ M. ⲙⲏⲓⲛ B. signum, portentum, significare, ostendere; et ⲙⲓⲛⲉ, ⲙⲓⲛⲓ, genus, species, modus.

[3] L'Égypte sous les Pharaons vol. II, pag. 252.

[4] Idem. vol. I, p. 195 et suiv. Aujourd'hui le nom de cette ville ancienne est Erment.

comme région céleste sur tant de momuments et qui, suivant tous les savants se prononce ⲡⲱⲛⲉ (Champ. la région de la conversion, l'hémisphère inférieur) ou plutôt *pen* (Lepsius), lecture constatée par une surabondance de preuves. Je faudrait donc prononcer le nom de cette ville plutôt Penmont ou Pemmont que Hermont. Mais quel fait étrange que la transcription grecque Ἑρμωνϑης d'un nom de ville égyptien Pemmont! Pour ma part, je ne sais pas comment l'expliquer.

Lign. 13. Le mari de Tanechtou, la revendeuse; ανηρ Τ. μεταβολεως]. C'est ici la première fois que le nom du métier se trouve ajouté au nom propre d'un mort; nous rencontrerons cela encore bien souvent.[1] Ce terme: revendeuse, confirme un passage d'Hérodote où il est dit que les femmes (comme de nos jours) se tenaient au marché pour vendre et que les hommes restaient chez eux occupés de tissus (ἐν τοῖσι αἱ μὲν γυναῖκες ἀγοράζουσι καὶ καπηλεύουσι, οἱ δε ἄνδρες κατ' οἴκους ἐόντες ὑφαίνουσι).[2]

Lign. 15. de Thèbes]. Ici, comme bien de fois, le scribe grec ne donne pas la traduction grecque: Διος πολις que nous trouvons ailleurs. Je ferai, une fois pour toutes, la remarque que les Grecs se servent du génitif pour désigner ces lieux) ils disent Διοσπολεως pour εκ Διοσπολεως ou εν Διοσπολει. Ainsi les inscriptions trouvées en Égypte portent: Αμηνηβι ϑεῳ μεγιστῳ Τχονεμυρεως pour εκ Τ. ou εν Τ. et Ισιδι Φιλων tout aussi bien que Ισιδι τῃ εν Φιλαις.[3]

Le mot démotique correspondant à Διοσπολις se lit très distinctement: *tep* dont le copte ⲧⲁⲡⲉ n'est qu'un dérivé moderne. Le nom de tep, à l'époque où se passe notre contrat, ne désignait que la partie orientale de cette ville d'Ammon sur la rive droite du Nil.[4] La partie occidentale, composée de villages isolés (κωμαι) portait plus spécialement le nom d'Api ou d'Ophi, comme on va le voir toute à l'heure ou des Memnonies. C'était là où demeuraient la plupart des

---

[1] Cela me rappelle la coutume des Égyptiens de donner aux morts les attributs de leur métier. Voici ce que M. Passalacqua (cat. rais. pag. 200) nous a fait connaître là-dessus: »c'est là (dans les tombeaux publics) que »j'ai eu le bonheur de découvrir, réunies et mêlées avec les momies de la lie du peuple les moins remarquables, la »plupart de celles des artistes et des artisans qui enrichirent ma collection de différens instrumens et objets d'usage, »qui, jadis placés dans leurs cercueils, et près de leurs dépouilles mortelles, servaient à indiquer les professions »qu'ils avaient exercées. C'est là où, près d'un peintre, je découvris la palette la plus riche en couleur; près d'un »scribe, son écritoire ou palette à deux couleurs; près d'un chasseur, son arc et ses flèches; près d'un arpenteur, »la corde pour mesurer le terrain; près d'un gardien, une clef; près d'un pêcheur, son filet; près d'un laboureur, »sa houe en bois, etc., etc. C'est là aussi où, indépendamment de quelques parures trouvées isolées sur quelques »momies de femme, je découvris, à ma grande surprise, celle de la jeune beauté, dont la richesse des ornemens ». . . . . ne trouve point d'exemple dans les découvertes faites à Thèbes.«

[2] Hérod. II, chap. 35.

[3] Cf. Letronne Recueil tom I, p. 126.

[4] M. Lepsius Chron. d. Égypt. pag. 272 nous apprend que »Die Denkmäler bieten nur 2 Namen für Theben »(hi-Amen) »Wohnung des Amon« d. i. Διος πολις, oder Ape.t oder mit dem vorgesetzten Artikel T.ape d. i. »Θηβη, noch öfter im Plural, daher auch griechisch Θηβαι. Ape war eine gewisse Art Heiligthum, in welchem »Amon verehrt wurde etc.« Pour moi j'aime mieux à me confier aux textes démotico-égyptiens qui séparent très bien cette *Api* ou *Opi* (Ophi, partie occid.) de *Tep* (part. orient.). Du reste je pense qu'avec l'article il faudrait lire *N.api*, *N.ophi*, et pas *T.api*, les marques du pluriel dans les hiéroglyphes étant presque toujours ajoutées.

ouvriers (ouvriers en cuir, potiers etc.), les esclaves (δουλοι) au service des prêtres et en général tous ces hommes qui avaient des affaires au culte funéraire des Égyptiens.

Lign. 17. Chonsthoth, le pastophore de Thoth; *X. παστοφορος Ερμου*]. Voici une observation extrêmement curieuse que nous offre la version grecque de cette ligne du texte démotique: *παστοφορος 'Ερμου*, le pastophore de Thoth, de l'Hermès égyptien. Le mot traduit par *παστοφορος* qui se répète bien souvent dans les acts écrits en démotique, s'exprime partout ailleurs par *χολχυτης* qui n'est que le même terme grécisé. Je vais en citer un exemple, emprunté au papyrus démotique Ax. 4 (lign. 2)[1] dont M. Grey a apporté la version grecque d'Égypte en Angleterre: *p...... en Amen Opi en t.hi naa ament en Tep* »le [pastophore] d'Ammon - Ophi dans la grande maison de l'Ouest de Thèbes« (V. pl. II no. 20). Les points suspensifs marquent la place du terme en question. Le scribe grec a mis *χολχυτης των Διοσπολεως της μεγαλης*, tout comme il y a plus haut dans notre papyrus grec pag. I. lign. 5: *Ωρος Ωρου των εκ των Μεμνονειων χολχυτων*. Il s'en suit que ces colchytes sont les pastophores d'Ammon d'Ophi, quartier central des villages à l'ouest de Thèbes.

En effet quelques papyrus grecs tournent ces termes de la même manière. Osoroéris et ses frères à qui appartient cette liste de momies, dans plusieurs contrats démotiques du musée de Berlin, portent ce titre: »le pastophore d'Ammon d'Ophi dans la grande maison de l'ouest de Thèbes« dont trois papyrus grecs de Turin[2] présentent la traduction exacte: *Οσοροηρις και οι αλλοι παστοφοροι Αμενωφιος των περι τα Μεμνονεα* (ou *των εν τοις Μεμνονεοις*). Il résulte de là que ce n'est pas le vieux roi Aménophis, comme le pense M. Peyron,[3] dont ces hommes sont les pastophores, mais Ammon-Ophi ou Ammon qui préside a l'hypogée de Thèbes, à la demeure des morts, à Ophi.[4]

Mais quel est le sens de ce mot démotique qui répond *pastophore?* Il y a plus d'une opinion à ce sujet. Voici la mienne, appuyée sur l'exactitude de la transcription grecque: *χολχυτ-ης*

---

[1] Autrefois no. 36 de la bibliothèque royale de Berlin.

[2] Peyron, pap. graec. II pag. 34 et suiv.

[3] Peyr. pap. gr. vol. II p. 37 et suiv. »Ex Canone Manethonis constat complures fuisse reges Aegyptios »nomine Amenophis appellatos, ac praesertim octavum regem XVIIIe dynastiae, qui prae ceteris inclaruit tum virtute »bellica, tum studiis pacis atque ut a ceteris homonymis secerneretur, dici consuevit A. II^us; constat etiam Aegyptios »reges fuisse effigie, templis, aliisque sacris honoribus cultos. Quare Pastophori Amenophis illi intelligendi veniunt, »qui in honorem regis A. sacra sua munera obibant. Quod si verum est, patet etiam Amenophim peculiare habuisse »templum in Memnoniis, quod certe dicebatur *'Αμενώφιον,* vel *'Αμενωφιῖον.*« — et plus tard (p. 38): »Cum ergo »constet Amenophim II., qui a Graecis Memnon dicebatur, teste Manethone, habuisse Pastophoros in Memnoniis, ac »Memnonis palatium in iisdem Memnoniis fuisse ab A. II. excitatum, videor non sine maxima probabilitate consti- »tuere posse, palatium Memnonis dictum fuisse Amenophium, ibique Amenophim sacros honores obtinuisse post »mortem.«

[4] Il faut remarquer au reste que le nom d'Ammon, déterminé par le signe d'espèce femme, AMeN.T, Ament, présente la déesse de la région inférieure (et de l'ouest); le nom se retrouve p. ex. dans une inscription hiéroglyphique du Rhamesséum: *Amen.t her-het Ap* »Ament qui réside à Ap«. ·

ou bien χολχυϑ-ης. Le second signe est, sans aucun doute, ce caractère démotique si connu, qui, idéographique, désigne l'idée de maison *hi*, ⳍ, et qui, de plus, sert de déterminatif à tout ce qui a quelque rapport à cette idée. Le premier signe paraît, au premier aspect, être la lettre k, mais je pense qu'il est dérivé de quelque hiéroglyphe idéographique et de l'équivalent hiératique. Or Horapollon [1] dit que les Égyptiens nommaient le pastophore »φύλαξ οἴκου, διὰ τὸ ὑπὸ τού-του φυλάττεσϑαι τὸ ἱερόν« — c'est donc: »Gardien de la maison.« Eh bien, notre terme démotique présente *hi*, en grec ὖ, avec l'article féminin *hit* (ὖτ, même χυτ), il faut que la première partie qui nous reste de χολχυτης — χολ ou χολ^c désigne un gardien. A l'appui de mon opinion je cite l'équivalent copte: ⳍⲁⲣⲉⳍ en thébain (ou en changeant, comme tant de fois, ⲣ en ⲗ: ⳍⲁⲗⲉⳍ) qui a l'acception de custodire, observare, servare, curare. C'est ainsi que la forme démotique a, sans doute, été ⲡ.ⳍⲁⲗⲉⳍ-ⳍⲓ.ⲧ. χολχυτ-ης, custos domus, φύλαξ οἴκου.

Quoiqu'il en soit, toujours est-il que les mots χολχυτης et παστοφορος sont identiques, l'un étant l'expression égyptienne mais grécisée [2], l'autre la véritable traduction grecque.

Maintenant quelles étaient les fonctions de ces pastophores d'après ce que les papyrus et les auteurs anciens nous en rapportent?

D'abord il est constaté que les colchytes ou les pastophores (j'adopterai désormais le nom grec) n'étaient point chargés de l'embaumement des morts [3] qui, nous l'avons exposé ci-dessus, appartenaient aux taricheutes et aux paraschistes; à eux de déposer les momies dans les tombeaux (εισαγειν εις τους ταφους), de remplir quelques emplois secondaires aux funérailles, d'avoir soin de tout dans les tombeaux etc.

Ils étaient du dernier ordre des prêtres; [4] cela est prouvé surtout par un passage de Chaeré-mon chez Porphyres: [5]

>»καὶ τὸ μὲν κατ' ἀλήϑειαν φιλοσοφοῦν ἔντε τοῖς προφήταις ἦ, καὶ ἱεροστολισταῖς,
> καὶ ἱερογραμματεῦσιν, ἔτι δὲ ὡρολόγοις. τὸ δὲ λοιπὸν τῶν ἱερέων τε, καὶ παστο-
> φόρων καὶ νεωκόρων πλῆϑος καὶ ὑπουργῶν ϑεοῖς. καϑαρεύει μὲν ὁμοίως, οὔτι γε
> μὴν μετ' ἀκριβείας καὶ ἐγκρατείας τοσῆςδε« —

cela s'accorde avec les remarques précitées d'Horapollon et enfin avec un passage de Diodore [6] qui les assimile aux κήρυκες d'Athènes, prêtres du dernier ordre aux mystères d'Éleusis.

Le papyrus I de Turin là où il est question des pastophores, porte (pag. 1): των τας λειτουργιας εν ταις νεκριαις (in re mortuaria) παρεχομενων, καλουμενων δε χολχυτων. D'abord

---

[1] Hiérogl. I, 41.

[2] Du même mot il y a des dérivés, comme χολχυτειν, Cholchytas agere (pap. I de Turin p. 8) et χολχυτις, Colchytissa, femme d'un colchyte (pap. XI de Turin).

[3] Comme M. Peyron le pense, en dérivant le nom des colchytes de la racine Memphitique ⲕⲟⲗⳍ, περι-βάλλειν, ἀναβάλλειν, involvere (pap. gr. I p. 81 sq.).

[4] V. Schmidt, de sacerdotibus et sacrificiis Aegyptiorum p. 193 seqq.

[5] De Abstin. liv. IV §. 8.

[6] Diod. bibl. liv. I, chap. 29.

il paraît que, pendant le transport de momies et après, dans les catacombes mêmes, les colchytes récitaient quelques chapitres du rituel funéraire, très souvent en présence de la famille du défunt; en effet, dans les papyrus sacrés, les articles se terminent souvent par ces termes: Tel chapitre à réciter pendant l'introduction [1] du défunt dans le tombeau, sa présentation à la lumière de Pré ou à la fin de ses transmigrations. [2]

Les colchytes étaient chargés en second lieu (comme M. Peyron l'a très bien remarqué) de présenter les offrandes consistant en rognons d'oies, en fruits, en vin, en pain, en lait, en miel. Il va sans dire qu'on s'y servait des vases les plus précieux et que cette cérémonie était des plus brillantes et des plus solennelles. En effet cela se dit dans les contrats démotiques ou grecs, ou se trouve le mot ἐπιπλα. Ainsi dans le XIe papyrus grec de Turin la pastophore Thennesis, se plaignant que sa belle-mère se fût emparée de toute la succession de son père, fait mention των ἐπιπλων οντων ικανων (lign. 18, 19). Nous avons encore un acte d'accusation [3] que notre Oso-roér présente aux autorités. Il y est dit que certaines personnes ont ouvert des tombeaux qui lui appartenaient, dépouillé quelques momies et enlevé tous les ἐπιπλα qu'il évalue à la somme de dix talents de cuivre.

Je m'arrête un moment pour citer un passage de Clément d'Alexandrie qui, en parlant des 42 livres sacrés d'Hermès ou de Thoth chez les Égyptiens, ajoute après l'énumération des premiers 36: τὰς δὲ λοιπὰς ἓξ οἱ παστοφόροι, ἰατρικὰς οὔσας περί τε τῆς τοῦ σώματος κατασκευῆς καὶ περὶ νόσων καὶ περὶ ὀργάνων καὶ φαρμάκων καὶ περὶ ὀφθαλμῶν καὶ τὸ τελευταῖον περὶ τῶν γυναικέων. [4] — Ces hommes avaient donc des connaissances de médecine et quelques papyrus confirment ce fait. Dans le pap. VIII de Turin entr' autres on lit (lign. 41) .... προτερον μεν απογενομενου τινος εν τῳ Αμμωνιειῳ Παμωνθου: — — ἐξ Ερμωνθεως δε Φιλοκλεους υιων δυο, ενος μεν μετενεχθεντος νεκρου εις το Αμμωνιειον, αλλου εν τῳ Αμμωνιειῳ τηλευτησαντος· ομοιως δε και Σνιβλαιτος — μετενεχθεντος εις το Αμμωνιειον του υιου αυτου και εν τῳ Αμμωνιειῳ τελευτησαντος κ. τ. α. Il paraît donc que les personnes, atteintes de quelque maladie dangereuse, même dans les villes éloignées, [5] étaient envoyées au temple d'Ammon à Ophi ou du

---

[1] Dans les hiéroglyphes le terme technique pour introduire la momie dans le tombeau est: *mena*, déterminé par le symbole vaisseau (en copte ⲘⲀⲚ, ⲘⲞⲚⲤ, navem adpellere ad litus), ce qui s'accorde avec le récit de Diodore (I, 92) sur les cérémonies de l'inhumation. Cf. encore Wilkinson, Manners and customs of the ancient Egyptians vol. II. 2 series p. 381 seqq.

[2] V. p. ex. les chapitres 18, 39. 19, 14. 20, 8. 31, 12. 45, 2. 58, 4. 64, 30. 70, 3. 72, 9. 84, 7. etc. du grand rituel funéraire de Turin, publié par M. Lepsius. Pour ce que les pastophores chantaient cf. Clem. Alex. paedag. III, 2. p. 216. c. »παστόφορος ἢ τις ἄλλος τῶν ἱεροποιούντων περὶ τὸ τέμενος, παιᾶνα τῇ Αἰγυπτίων ᾄδων γλώσσῃ.«

[3] V. l'appendice sous le no. II, à la fin.

[4] Strom. liv. VI p. 268.

[5] Plus loin sont nommés deux personnages dont le texte grec (col. 43 lign. 1, 3) place la domicile à Éléphantine. Il y a loin jusqu'à cette île, car Hérodote p. ex. nous dit que de Thèbes à l'île d'Éléphantine il y avait 1800 stades: τὸ δὲ ἀπὸ Θηβέων ἐς Ἐλεφαντίνην καλεομένην πόλιν στάδιοι χίλιοι καὶ ὀκτακόσιοί εἰσι. (II, 9.)

moins dans le quartier de ce temple; que les pastophores leur y administraient des remèdes; que cependant, vu les faibles notions de médecine qu'on peut supposer à ces employés, les malades n'y recevaient guères que ce qu'on pourrait appeler l'extrême onction. Un des remèdes principaux dans le temple d'Ammon était sans doute les Incubations dont l'usage était si répandu dans toute l'antiquité. C'était apparemment l'affaire des pastophores. C'est du moins ce je conclus de ceci. Il y a au musée de Leide des papyrus dont une page contient des récits de songe qui, comme M. Reuvens l'a bien remarqué, sont éminemment puériles et dénués d'intérêt. Mais à côté et sur l'autre page se trouvent les comptes de toutes sortes de dépenses en offrandes dont quelques-unes faites par des pastophores à l'occasion des κωμασιαι. Je pense que, puisque les auteurs sont les mêmes qu'on peut être à peu près certain que ces catalogues de songe sont l'ouvrage des pastophores; ce qui fait présumer qu'ils se mêlaient assez souvent de médecine. [1]

Les pastophores portaient enfin, dans les grandes solennités publiques, les statues des dieux; [2] c'est ce que l'étymologie du mot, les récits des auteurs anciens [3] et quelques papyrus conservés suffisent pour constater. C'est ainsi que dans le papyrus no. I de Turin l'avocat des pastophores dit, en rélévant l'excellence de leurs services: τους γαρ περι τον Ωρον μη ειναι ταριχευτας, αλλα χολχυτας, μηδε την αυτην εργασιαν επιτελειν, διαφερειν δε την τουτων λειτουργιαν· ετι δε και εν ταις γινομενοις δημοτελελεσιν ενθεσμοις και επωνυμαις ημεραις μεταφεροντας αυτους κονιαν καταστρωννυειν επι του δρομου του Αμμωνος και δια του ιερου, και εις το Ηραιον εισιοντας το ομοιον επιτελειν, και εν ταις κατ' ενιαυτον γινομεναις του Αμμωνος διαβασεσιν εις το Μεμνονεια προαγοντες της κωμασιας τας καθηκουσας αυτοις λειτουργιας επιτελειν και χολχυτουντας και ειναι αυτων γερας. Je ne peux, quant à ce passage, que pleinement approuver le commentaire du savant abbé M. Peyron. [4] Je remarquerai seulement que, sans doute, le transport annuel des statues d'Ammon aux Memnonies ne se faisait qu'en faveur des morts. C'est peut-être ce dont veut parler Hérodote quand il dit: μιῇ δὲ ἡμέρῃ τοῦ ἐνιαυτοῦ, ἐν ὁρτῇ τοῦ Διὸς, κριὸν ἕνα κατακόψαντες καὶ ἀποδείραντες, κατὰ τωὐτὸ ἐνδύουσι τὤγαλμα τοῦ Διὸς,

---

[1] M. Lepsius, Chron. p. 41 en parlant des livres sacrés des Égyptiens et de même de ces des pastophores, après avoir cité le passage d'Horapollon, dit: Was sollen nun aber die Tempelwächter mit der Medizin zu thun haben! Nirgends wird auch nur entfernt auf irgend ein Verhältnifs zwischen den Pastophoren und den Aerzten hingedeutet; ja ihre Geschäfte scheinen sich auch nothwendig auszuschliefsen. Ich glaube daher, dafs auch in der Stelle des Klemens entweder eine falsche Lesart oder irgend ein anderer Irrthum, der sich noch nicht lösen läfst, zum Grunde liegt. J'abandonne au lecteur impartial le soin de juger.

[2] Cette sorte de cérémonies est commune à tous les peuples de l'antiquité à peu près. Ainsi sur les monumens assyriens nous trouvons des représentations où les dieux sont portés en cérémonie. V. l'ouvrage de M. H. Layard, Niniveh and its remains. III ed. vol. II p. 451.

[3] Cf. Clem. Alex. strom. V. 567. A. ἐν ταῖς καλουμέναις παρ' αὐτοῖς κωμασίαις, τῶν θεῶν χρυσᾶ ἀγάλματα .... περιφέρουσι. Cf. Sturz, de dial. maced. Lips. 1808. p. 102 seqq. — Ajoutons que le sens du mot παστοφόρος varie suivant les rapports qui le déterminent. Ainsi nous trouvons ce mot dans les épigrammes de Théon d'Alexandrie: παστοφόρος Παφίη.

[4] Pap. gr. p. 87.

καὶ ἔπειτα ἄλλο ἄγαλμα Ἡρακλέος προσάγουσι πρὸς αὐτό. ταῦτα δὲ ποιήσαντες τύπτονται οἱ περὶ τὸ ἱρὸν ἅπαντες τὸν κριὸν, καὶ ἔπειτα ἐν ἱρῇ θήκῃ θάπτουσι αὐτόν. [1]

Notre Chonsthoth était donc colchyte de Thoth ou pastophore d'Hermès.

Lign. 18. la boulangère, αρτοκοπος]. Le mot démotique se prononce *ach;* je le rapporte au mot ⲁϣ de la langue copte, signifiant le four, le fournil. Les deux signes qui le terminent représentent l'un l'idée feu, l'autre l'idée maison, lesquelles, réunies, en déterminent le sens.

Lign. 20. Le charpentier, τεκτων]. Les charpentiers, de même que d'autres artisans que nous verrons dans la suite, fournissaient beaucoup de choses pour les momies, et en première ligne pour les cercueils (V. Wilkinson, manners and customs, vol. III p. 167 et suiv.). Ils sont des ouvriers qui, dans les tableaux égyptiens, se représentent le plus souvent.

Lign. 24. Amnes, Αμμωνις]. Ce nom s'écrit indifféremment Αμμωνις et Αμμωνιος dans les inscriptions grecques. Il en est de même des noms de Δημητρις et Δημητριος, d'Απολλωνις et Απολλωνιος. [2]

Lign. 30. Efanch, Εφωννχος]. En copte: ⲉϥⲱⲛⳃ dans le dialect memphitique et ⲉϥⲱⲛⳋ dans le dialect thébain veut dire qui vit, vivant. C'est le même nom que celui du défunt que concerne le grand rituel funéraire de Turin; c'est là que ce nom s'exprime hiéroglyphiquement *auf.anch.*

de Pamont....; κεραμου]. J'ai déjà eu l'occasion de remarquer en passant que, du temps des Ptolémées, l'ancienne Thèbes, ayant perdu sa première splendeur, se divisait en deux grandes parties, séparées par le Nil; dont celle de l'est ou Thèbes proprement dite (*Tep*) se composait encore d'une masse assez imposante de bâtiments pour mériter le nom de ville comme auparavant; et dont celle de l'ouest (ἡ λιβύη) ou les Memnonies n'étaient qu'un amas de villages (κῶμαι) dont le centre était Api ou Ophi, le quartier du temple d'Ammon. Voici qu'en dit Strabon: νυνὶ δὲ κωμηδὸν συνοικεῖται· μέρος δ' ἐστὶν ἐν τῇ Ἀραβίᾳ, ἐν ᾗπερ ἡ πόλις· μέρος ἐστί καὶ ἐν τῇ περαίᾳ, ὅπου τὸ Μεμνόνειον. [3]

Ces villages s'étendaient depuis le nome de Περιθηβας jusqu'au Pathyrite au sud et au Coptite au nord. Les noms en sont égyptiens et, comme les noms de personnes, significatifs pour la plupart. Les papyrus grecs nous en donnent presque toujours une transcription fort exacte et quelquefois la traduction.

Abstraction faite de notre papyrus, je citerai d'abord une liste de quelque-uns de ces villages que j'ai tirée du papyrus grec no. VIII et de quelques autres du musée de Turin, en les rangeant par nomes.

---

[1] Hérod. liv. II chap. 42.
[2] Cf. Letronne, Recueil. tom. I, pag. 434 sq.
[3] Strab. liv. XVII.

I.	II.	III.
εν τη λιβνη του Παϑυριτου	— του Περιϑηβας	— του Κοπτιτου
1. Τνεμπαμηνις	5. το Αμμωνιειον	10. Πωις
2. Σεπινποαρ [1]	6. τα Κεραμεια	11. Πηι
3. Μεσϑβου	7. Θμοννονκοιφις	12. Πμυχις
4. Κοχλαξ	8. Γαβδι	13. Ποενπορ [2]
	9. Προιττιβιων	14. Τριχατανις

M. Peyron n'a pas entrepris d'expliquer au moyen du copte ces noms. »Etyma ex se, dit-il, jam lubrica, incertissima sunt in nominibus Aegyptiis ad graecas formas et aures refictis. Quantum hac in re liberrime grassati sint (?) graeci litteras mutantes, addentes, vel dementes norunt qui nomina propria demoticis signis exarata contulerint eum iisdem graeca civitate donata.«

Eh bien, examinant notre texte démotique nous allons déterminer le sens de la plupart de tous ces noms et d'autres encore.

Le premier nom de village que nous rencontrons est sous la forme κεραμιον c. à d. εν τη κεραμιῳ. Il se retrouve plus bas dans notre papyrus et dans le papyrus grec de Turin sous les formes τα κεραμια, κεραμεια et même κεραμεα. C'est, selon moi, le village où habitaient les potiers (comme à Athènes ces ouvriers avaient leur domicile, dans les temps plus anciens, dans un quartier particulier); car, nous l'avons vu déjà, c'est dans cette partie de Thèbes qu'on avait relégué les professions impures. Le nom démotique de ce village du nome de Perithèbes est tout autre: *pa-mont-neb*... »maison consacrée à Mont seigneur de . . . . .«; la suite est douteuse. Je pense que c'était un temple du dieu Mont qui, placé au milieu de ce quartier, donnait naissance à ce nom égyptien.

Lign. 31. *Ποηρις Θοτομουτος Κοχλακος.*] *P.oer* signifie le grand et puis l'aîné. Thotomous se compose de deux noms de divinités Thoth et Ma.ou ou les deux vérités; [3] c'est donc »Thoth des deux vérités.« Vient ensuite le nom du village où cet individu est domicilié. Le terme grec *κοχλα.,* qui se complète aisément par la consonne ξ: *κοχλαξ* (gén. *κοχλακος*), se lit encore dans la suite de ce papyrus grec et dans celui de Turin cité plus haut. Ce village est situé dans le nome Pathyrite. *Κοχλαξ* ou *καχληξ* signifie en grec les pierres, les cailloux que l'on trouve au fond des rivières, puis le sable de la rive, enfin la rive, le rivage. Il est donc assez probable que *κοχλαξ* désignat un village situé sur la rive du Nil dans le nome Pathyrite. Voyons le nom démotique. Celui-ci, qui se prononce *p.chrer* et qui est déterminé par le signe caractéristique des localités, s'assimile sans difficulté au mot copte thébain ⲡⲉ ⲕⲣⲟ et memphitique: ⲡⲓ ϧⲣⲟ, ripa, litus. Le rapport des deux termes égyptien et grec est visible.

---

[1] M. Peyron met la syllabe initial Σε en doute; on peut lire εσ, εν, σο ou σε.

[2] Le π initial et l'ε sont douteux.

[3] En copte ⲙⲉ T. ⲙⲏⲓ B. M. ⲙⲉⲉⲓ B. veritas, verus.

TROISIÈME COLONNE.

Lign. 1. P. fils d'Ounnofre — de Padjem, Ψ. Οννωφριος Με[μνονιτης.] Le nom d'Onnophris, extrêmement fréquent en Égypte, se conserva, en se modifiant un peu, jusqu'aux derniers temps. *Oun-nofer* c'est: »aperiens bona«, un des surnoms du dieu Osiris. — *Padjem*. Voici une observation précieuse que m'a suggérée la simple comparaison du texte bilingue. En grec il n'y a que $\widehat{με}$ (c'est-à-dire *Μεμ* —) pour indiquer le lieu du domicile. Ce n'est pas Memphis dont la composition démotique (*men-nofer*) est assez connue, mais sans doute l'abréviation pour *Μεμ*[νονειον] ou, comme on le lit plus loin dans la suite de la liste grecque (col. 38, 3) *Μεμνονιτης*. Mais allons étudier le groupe démotique. Abstraction faite de la caractéristique des noms de villes, reste le groupe (V. tab. II no. 21) qui, vu l'autre déterminatif, est le nom d'un dieu. Eh bien, quel est donc ce dieu qui se présente à nous pour la première fois dans un texte démotique? Le nom se lit une seconde fois dans notre liste sans que le texte grec (même col. lign. 15) l'explique: *Πασ*[η], celui qui est au dieu Sé —. Je pense qu'il n'est pas trop difficile à en compléter la lecture par *Παση*[μις], nom qui se trouve et dans notre liste grecque et dans les papyrus de Turin. Le dieu se prononce donc *Sem*, abstraction faite de la désinence grecque, ou plutôt suivant le signe initial, phonétique sans doute, du mot démotique Djem, Djom. Or *ΣΕΜφρουκράτης* est expliqué par Eratosthène,[1] ὅ ἐστιν ῾ΗΡΑΚΛΗΣ ῾Αρποκράτης (*Djem-p.har-chrat.*) *Σεμ* ou *Σημ* est donc l'Hercule égyptien à qui est consacré le *Μεμνονειον*.

J'ignore le rapport entre le nom du *Μεμνονειον* et ce dieu. — Il y avait plusieures villes en Égypte qui portèrent le nom de ce dieu dans leur composition. Je citerai avant toutes celle qui par les Grecs est nommée *Σεβεννυτος*. L'ancien nom de cette ville devait être *Djem-nouter*, (urbs) Herculis dei, et en effet il se présente en copte sous les formes de ϫⲉⲙⲛⲟⲩϯ (Memph.) et ϫⲉⲙⲛⲟⲩⲧⲉ (Théb.)[2]

J'ai trouvé enfin le nom de ce dieu au bas d'un acte démotique du musée de Berlin (Ax. no. 19) dans une liste qui commence en ces termes:

»Voici la liste (*p.ran*) des jours pour faire les services à Ammon-Ophi le premier jour de »chaque décade (sémaine).«[3]

Dans la suite de l'énumération on trouve quelques noms de jours suivis du nom de ce dieu. Ainsi commence la liste:

»Le 4. du mois de Tôbi: la grande (fête) de Djem.«[4]

---

[1] Eratosth. apud Georg. Sync. I p. 205 Dind.

[2] V. Champ. l'Ég. s. l. Phar. tom. II p. 191 seq.

[3] V. pl. II. no. 22. C'est dans ce papyrus que j'ai trouvé pour la première fois la notation de la sémaine égyptienne en signes démotiques. Cf. Zeitschrift der deutschen morgenländischen Gesellschaft. 1849. Hft. III. Les caractères hiéroglyphiques pour la décade sont connus et se lisent p. ex., d'après ce que M. de Rougé m'a bien voulu me communiquer, au plafond du Ramesséum dans les légendes du pourtour: *Ape ment? nib,* le premier [jour] de chaque décade. V. No. 23.

[4] V. no. 24.

C'est sans doute la même dont parle Hérodote. V. plus haut pag. 44.

En étudiant un peu plus attentivement le groupe démotique de ce nom on voit que les trois derniers signes sont déterminatifs. Reste alors un signe qui me paraît être phonétique initial du mot ϫⲉⲙ, comme je l'ai remarqué plus haut. — Les mêmes signes déterminatifs se représentent dans les noms d'Imouthès (*I-m-hotp*), de Schmoun (nom d'Hermopolis qui paraît entr' autres dans le nom propre *S-na-chmoun.eu,* en grec Σναχομνευς,) et ailleurs comme signes idéographiques avec une valeur phonétique dans la deuxième partie du nom d'Armaïs. Mais j'ignore encore quelle valeur ils peuvent comporter.

Lign. 4. Ψενενουτηρις, Psennenouter.] Ce nom se décompose de la manière suivante: *p.se-n-ne.nouter,* et signifie »le fils des dieux.« La transcription grecque est très exacte; ailleurs on trouve *nouter* (NTR) dieu p. ex. dans le nom d'*Αμονρασωνϑηρ* ou *Αμονρασονϑηρ,* c'est-à-dire *Amon-ra so neter,* Ammon-soleil roi des dieux.

Lign. 5. οικειος, son beau-père.] Le mot démotique qui se traduit par beau-père se prononce *chem,* suivi du signe déterminatif des dégrés de parenteté. Je le rapporte à la forme copte ϣⲟⲙ, γαμβρός, socer, gener.

Lign. 6. Phripat, Φριπατης.] On trouvera dans la suite beaucoup de noms propres qui commencent par la syllabe φρι en grec dont je vais examiner le groupe démotique. D'abord il est clair que la première partie n'est que l'article masculin sing. p. Cet article retranché, reste *hri,* ϩⲣⲓ. Le son est *her* ou *hri* dans les hiéroglyphes dont le groupe se termine par le signe: ciel qui se met souvent pour le mot tout entière et qui signifie *super.* [1] Le mot démotique *hri* et le copte ⲉϩⲣⲁⲓ a la même acception *super,* puis: le supérieur, celui qui dirige etc.

P.hri sert souvent dans les inscriptions démotiques à exprimer l'idée de la Haute-Égypte tandis que la Basse-Égypte se rend par *p.chri* (V. no. 25, en copte ⲉϧⲣⲏⲓ infra, inferior).

J'ajoute que nous connaissons, par le récit de Chaerémon,[2] un hiérogrammate du règne d'Aménophis, lequel est nommé dans le texte grec Φριτιφαντης.[3] On voit que la première syllabe de ce nom est encore l'égyptien *p.hri.*

Lign. 6. P. fils d'A(u)t, Αυτος.] Le mot *at* (aut) en démotique est celui qui dans les inscriptions et les papyrus sert si souvent à désigner l'idée père. Voilà pourquoi je l'ai traduit plutôt que transcrit dans ma collection de monuments démotiques.[4] Ce mot *aut* (dans les hiéroglyphes ATU, AUT) forme la souche du mot copte thébain ⲉⲓⲱⲧ (plur. ⲉⲓⲟⲧⲉ, ⲉⲓⲁⲧⲉ) et du memphitique ⲓⲱⲧ, pater.

Lign. 8. P. le pastophore de Thoth d'Api, Π. παστοφορος Ερμου Απεως.] Encore le nom d'un pastophore qui a son domicile à Api, village dont j'ai déjà parlé plus haut et qui forme la seconde moitié du nom Αμενωφις Ammon-Ophi. Le nom d'Api ne se retrouve pas dans la liste

---

[1] V. Champ. gram. p. 190.

[2] Jos. c. Apion. I, 32.

[3] Quelques MSS offrent les variantes Φριτοβατης ου Φριτοβαντης.

[4] p. 35. Pisi (?) sein Vater.

du papyrus précité de Turin. Cependant je soupçonne que Api, le quartier central des villages de la rive gauche du Nil, était situé dans le Périthèbes.

Lign. 9. Petchorpré, $\Pi\varepsilon\tau\varepsilon\alpha\varrho\pi\varrho\eta\varsigma.$] Ce nom est de ceux qui se retrouvent en essence dans les textes sacrés et dans les anciens classiques. *Pete-hor-p.ré,* le don d'Horus le soleil; δ $\tau o\tilde{v}$ $"\!\Omega\varrho ov$ $'H\lambda iov.$ Nous lisons dans la Genèse XXXIX, 1: »Or, quand on eut amené Joseph en Égypte, Potiphar, פוטיפר eunuque de Pharaon, prévôt de l'hôtel, Égyptien, l'acheva de la main des Ismaélites qui l'y avaient amené.« C'est le même nom que celui de *Pete-p.ré* »le don du soleil.«

Lign. 11. Tahefi fille d'Alou, $\Theta\alpha\varphi\varepsilon\iota\varsigma.$] Le premier nom, en démotique, est déterminé par l'image encore assez distincte du serpent, l'autre par le signe d'espèce jeunesse. [1] Et en effet ϩⲟϥ.ⲡ., ϩⲃⲟ, ⲧⲉ, signifie en copte vipera, serpens. Alou s'est conservé en copte sous la même forme, ⲀⲖⲟⲨ infans recens natus, $v\acute{\eta}\pi\iota o\varsigma,$ puer, adolescens.

Lign. 13. Totou fils de Menes du bourg de Pmounamoun, $To\tau o\eta\varsigma$ $M\varepsilon v\varepsilon ov\varsigma$ $\Pi\mu ov\varepsilon\mu ov$-$v\varepsilon\omega\varsigma.$] En démotique Totou est déterminé par le caractère générique de l'idée de stabilité, de chose constituée. L'équivalent copte memphitique en est ⲐⲰⲞⲨⲦ, statua, idolum, simulacrum, acception en tout point satisfaisante puisque, dans l'inscription de Rosette, le même groupe démotique *toto, toutou,* est toujours antigraphé en grec par $\varepsilon\tilde{\iota}\varkappa\acute{\omega}v.$ Quant au nom de Ménès (le même que celui du premier roi d'Égypte) je ferai observer que l'écriture démotique a adopté l'orthographe grecque McNeS, tandis que les hiéroglyphes présentent la lecture MeNA, conservée en copte ⲘⲎⲚⲀ. [2]

Nous voici au nom du village où le domicile de Totou. Il est précédé par un signe qui, n'étant pas transcrit en grec, me paraît représenter l'idée bourg. Le reste du groupe se lit clairement *p.mou-n-Amoun* (ⲡ.ⲘⲞⲨⲚⲀⲘⲞⲨⲚ), aqua Ammonis. Le nom grec $\Pi\mu ovv\varepsilon\mu ov$- se complète donc ainsi $\Pi\mu ovv\varepsilon\mu ovv\iota\varsigma.$ Ce nom reparaît en grec (pag. I. lign. 9) lorsqu'il est question d'une maison détruite εv $\Pi\mu ovv\varepsilon\mu ovv\varepsilon\iota.$

Lign. 17. de Tmonepament.] Encore un nom de village qui se lit assez distinctement dans le texte démotique. Le texte grec ne le transcrit qu'un peu plus loin lign. 19. par $T\mu ovvv\varepsilon v\varphi[\alpha\mu].$ La syllabe $\eta v\iota\varsigma$ peut très bien compléter la lecture du nom grec, car c'est ainsi qu'elle se présente dans le papyrus grec de Turin. Avec quelques changements assez légers nous obtenons $T\mu\varepsilon v$-$\pi\alpha\mu\eta v\iota\varsigma$ (pour: $Tv\varepsilon\mu\pi\alpha\mu\eta v\eta\varsigma$), village situé dans $\tilde{\eta}$ $\lambda\iota\beta v\eta$ τov $\Pi\alpha\vartheta v\varrho\iota\tau ov.$ La première partie de ce mot: *t.mone* se retrouve souvent dans les noms des villages de cette partie de Thèbes; la forme copte thébaine en est Ⲧ.ⲘⲞⲚⲎ, $\mu ov\acute{\eta},$ mansio, habitatio, statio navium, portus. C'est dans le pluriel de ce mot que je crois découvrir l'origine des $\mu\varepsilon\mu vov\varepsilon\iota\alpha$ des papyrus grecs. *Ne.mone.ou* ou *ne.mone* [3] n'était qu'une désignation générale de la partie occidentale de Thèbes et ne signifiait que »les villages«, par opposition à $\varDelta\iota o\sigma\pi o\lambda\iota\varsigma.$ Le même mot enfin qui a donné naissance au mot grec, est en même temps la souche d'un mot arabe Miniét. »Il est hors de doute, nous dit

---

[1] V. pl. II no. 26.

[2] V. p. ex. Quatremère rech. etc. p. 121.

[3] Comme le pluriel *ne.nouter,* les dieux. V. $\Psi\varepsilon v\varepsilon vov\tau\eta\varrho$-$\iota\varsigma$ Col. II, 4.

Champollion l. j., que le mot arabe *Miniét* (ou par abréviation *Mit*), si fréquemment donné aux villages de l'Égypte, dérive de ⲙⲟⲛⲏ, mansio, pluriel ⲙⲟⲛⲱⲟⲩⲓ, mansiones. « [1]

Lign. 20. Tmonenthoth.] Encore une *moné*, village, qui signifie mot-à-mot »le village du dieu Thoth.« La transcription grecque, bien que peu lisible, me paraît cependant offrir le nom de *Τεμονεθνειτ*.... Aussi en copte quelques villes commencent par le mot ⲧⲙⲟⲛⲉ suivi du nom d'une divinité à qui le lieu a été consacré. Je ferai rappeler p. ex. le village ⲑⲙⲟⲩⲛ̅ϣⲟⲛⲥ (Moukhans chez les Arabes), situé dans la Thébaïde qui répondrait à un ancien nom ⲧ.ⲙⲟⲛⲉ-ⲛ̅-ϣⲟⲛⲥ, mansio dei Chons.

Lign. 26. Senouschmoneu, *Σναχομνευς*.] La seconde partie de ce mot est le nom d'une ville égyptienne bien connue, en grec: Hermopolis. On en connaît le nom hiéroglyphique représenté par huit petites lignes (≡̄ ou ‖‖‖‖) et déterminé par le signe d'espèce ville. En copte le nom de cette ville est ϣⲙⲟⲩⲛ ß. ou ϣⲙⲟⲩⲛⲉ; et huit en copte se prononce de la même manière. C'est à n'en pas douter presque le même mot que le nom grec de *Χομνευ-ς*.

QUATRIÈME COLONNE.

Lign. 3. Siefmout, *Σιεφμους*.] Les deux syllabes *ef-mout* dont la dernière est exprimée idéographiquement en démotique, existent encore dans l'idiome copte; c'est le participe ⲉϥⲙⲟⲟⲩⲧ, mortuus, en sorte que le tout se prononce *si-ef.mout*, filius mortuus.

Lign. 5. Phatreou, lign. 6. Nehetarou (ou Nehatreou.)] Les deux groupes sont parfaitement identiques, aux articles affixes près; le premier a l'article masculin singulier *p, pe*, l'autre, celui du pluriel des deux genres *ne*. Le radical *hetar* qui reste, accompagné du déterminatif de l'idée jeunesse, se rapporte immédiatement au mot copte ϩⲁⲧⲣⲉ, gemellus, geminus, plur. ⲛⲓϩⲁⲧⲣⲉⲉⲧ. Le traducteur grec a exactement transcrit le premier mot, *φατρευς, φατρεους*; mais le second, auquel il attachait le sens précis de jumeaux, il a cru devoir le traduire par *διδυμοι*. Dans les hiéroglyphes le nom s'écrit HeTeR étant déterminé par le rameau de palmier, signe figuratif de l'idée *vigueur*. Ce même mot, augmenté d'un second déterminatif d'espèce *cheval*, signifie enfin *equus;* et comme tout attelage était d'un couple de chevaux, l'idée jumeaux se rattache étroitement à l'image de deux chevaux traînant un char.

Lign. 7. de Tpenenei.] L'analyse nous fera reconnaître aisément dans le grec *Πενγεις* tous les éléments constitutifs de son antigraphe égyptien. Ce dernier se scinde en deux groupes dont le premier répond évidemment au mot thébain ⲧ.ⲡⲉⲛⲛⲏ ou ⲧ.ⲡⲛⲏ qui signifie *limen ostii, ostium, gradus, scala*. Le second groupe se prononce sans difficulté *ei* et renferme le signe caractéristique de l'idée d'eau ou de liquide. En effet ⲉⲓⲱ ou ⲉⲓⲁ en copte signifie *lavare, lotio*. C'est donc *t.pennei, Πενγεις,* un endroit du Nil destiné à laver qui a donné le nom au village.

Lign. 8. de Pana, (*Πενης*).] Voilà le nom d'un autre village qu'il ne faut pas confondre avec la première partie de *Pennei* que je viens d'analyser. La lettre p qui était une partie inté-

---

[1] L'Égypte sous les Phar. tom. I p. 298.

grante du radical de cet autre nom, n'est ici que l'article masculin singulier dont le retranchement nous laisse le radical *ana* ou *ene;* groupe qu'on retrouve souvent dans les hiéroglyphes sur les murailles ou sur papyrus (V. pl. II no. 27) et qui signifie *propylon.* Le papyrus grec transcrit le nom de ce village par *Πενης.*

Lign. 10. de Papa, *Παπας.*] Le mot démotique: *Papa* est un nom propre suivi du signe caractéristique désignant une contrée. Les Coptes orthographiaient ce nom de ville indifféremment Παπα, Παπε, Παπη.

Lign. 13. Le bâtelier, *κυβερνητης.*] En démotique on lit *p.nef* suivi du signe déterminatif de l'idée vent. Dans le dialecte memphitique de la langue copte ΠΙ ΝΕϤ signifie *nauta* d'où les formes un peu altérées ΝΕΕϤ, ΝΗΗΒ, ΝΕΒΙ etc. On voit que, quant au sens, le grec est plus précis, en donnant *κυβερνητης,* gubernator, le pilote. Le mot égyptien est plus général et ne signifie que le bâtelier. Ailleurs le *pilote* en copte se dit ϹΑϩΠΝΕΕΒ, magister nautarum.

La classe des bâtelier en Égypte était bien nombreuse, ce qui n'a pas lieu de nous étonner puisque le Nil servait presqu' exclusivement au transport des hommes et des bagages. Cette idée de la locomotion par eau était tellement familière aux Égyptiens que les dieux eux-mêmes sont représentés traversant dans des barques l'océan, le Nil céleste. Ainsi Pré, traversant le ciel, se tient debout dans la barque divine, entouré des dieux, ses rameurs ou ses pilotes. Hérodote nous fait connaître le mode de construction des barques égyptiennes (nommées *βαρι* par Hérodote; en démotique *biri*) si nombreuses et portant quelquefois jusqu'à plusieurs milliers de talents.[1]

Lign. 13. Petamensato.] Ce nom, transcrit ailleurs en grec par *Πετεμεστους* ou *Πατεμοστους,* se décompose de la manière suivante:

pet, pete, en copte:	ΠΕΤ,	celui qui appartient à, le don de, le voué à,
amen,	» ΑΜΟΥΝ,	nom du dieu Ammon,
sa (ou *sou?*),	» ?	roi,
to ou *tou,*	» ΘΟ,	monde.

Tout le groupe signifie par conséquent »le voué à Ammon, roi du monde.« Le dernier groupe *sa-to, -στου-ς* a fait le tourment de presque tous les savants qui ont essayé de le déchiffrer.[2] Il se présente sous une forme grécisée au milieu du nom *Αμονρασωνϑηρ* ou *Αμονρασονϑηρ,* titre d'Ammon-soleil (AMeN-RA) comme *σωνϑηρ, σονϑηρ,* c'est à dire *so neter* »princeps deorum.« Enfin nous trouvons col. V. lign. 17 du texte démotique de notre papyrus le nom de *P.hri-so-to,*

---

[1] Hérod. liv. II. chap. 96. Le nom égyptien se présente p. ex. lign. 12 du texte démotique de l'inscription de Rosette.

[2] M. Peyron (Illustrazione d'una stela greca del Museo di Torino, dans les mémoires de l'académie de Turin tom. XXXIV) lit ce nom PET-AMON-SO-N-TO »celui qui appartient à Ammon, générateur du monde« et l'autre: AMON-RA-SO-N-TER »A.-R. générateur des dieux.« M. Salvolini (Camp. de Rhamsès le grand p. 94 et suiv.) l'explique A.-R.-SONT-TER »creator deorum.« M. Kosegarten (de litt. Aegyptt. p. 32) ne donne qu'une traduction: Amon-ra princeps deorum, d'après le titre hiéroglyphique. M. de Saulcy enfin (Analyse gram. du texte dém. du décret de Ros. p. 53) le lit A(mon)-R(a)-ST-TER »Amon Ra roi des dieux.«

transcrit en grec par *Φρισομτους,* c'est à dire *Φρι–σο–μ–τον* »le premier roi du monde«, où
s'intercale entre les mots *so* et *to* la marque du génitif n (ou m, en copte π̄, ū̄). Constatons
une fois pour toutes que, dans ces composés, le caractère roi n'est que la dégérescence des caractères
hiéroglyphique et hiératique (V. pl. II no. 28) que tous les archéologues ont transcrit par SouTeN,
tandis que la contre-partie grecque de notre texte ne donne que SA ou SOU. Quant à la signi-
fication ce signe se rapporte très souvent à l'hiéroglyphe no. 30 *scha,* ϣⲁ, signifiant *diem festum,*
festum, et puis, comme M. de Rougé me l'a fait remarquer plus d'une fois, *apparere* (en copte
ϣⲁ, nasci, oriri) et enfin *pars superior, summa* (en copte ϣⲱⲓ). Ce mot se lit encore chez
Plutarque, qui dit que les Égyptiens pour exprimer l'idée fête, disaient *σαιρει,* c'est à dire *σα–ιρει,*
ϣⲁ ⲓⲣⲓ, diem festum agere. [1]

Le titre: roi du monde, *so-to* ou *so-n-to,* *somto* se rencontre avec l'article, de plus, comme
initial d'un nom, conservé dans l'ancien testament. Genèse XLI v. 45 on lit: »Et Pharaon appela
le nom de Joseph צפנת-פענח, et lui donna pour femme Asenath, fille de Potiphérah, gouver-
neur d'On; et Joseph alla (visiter) le pays d'Égypte.« La Septante a transcrit le nom de Joseph
par *Ψοντομφανηχ-ος* et l'antiquaire Joséphus nous dit: *καὶ προσηγόρευσεν αὐτὸν Ψοθομφάνηχον*
(ou *Ψονθομφάνηχον*), *ἀπιδὼν αὐτοῦ πρὸς τὸ παράδοξον τῆς συνέσεως. σημαίνει γὰρ τὸ ὄνομα*
κρυπτῶν εὑρητήν. [2] La décomposition de ce nom n'est pas difficile, ce me semble. C'est donc
Ψο-(ν)-θο-φανηχ, *p.so-n-to-p.anch* c'est à dire »princeps mundi vitae.« Le nom *mundus vitae*
se lit encore dans les textes hiéroglyphiques; c'est ici où le soleil couchant (*Toum, Atmou*) se
cache. C'est ainsi qu'on lit dans le rituel funéraire hiéroglyphique de Turin (c. 15, col. 43):
Djet.f em saiou Toum hotp.ef em (to)-anch ... As.en hi.k hotp em to-anch aut ne.nouter. »dicit
(mortuus Osiris) ad celebrandum deum Tum occultantem se in mundo vitae: Gloria sit tibi quando
te occultaris in mundo vitae, pater deorum!« La région de la vie où descend le soleil est celle
de l'Amenté, l'enfer égyptien, la région *cachée* (*amen* en égyptien signifie être caché).

Lign. 14. Aplou, *Απελως.*] Le nom égyptien, mais grécisé d'Apelou se retrouve p. ex.
dans les actes des apôtres chap. XVIII, v. 24. où on lit: *Ἰουδαῖος δέ τις Ἀπολλὼς ὀνόματι,*
Ἀλεξανδρεὺς τῷ γένει, ἀνὴρ λόγιος, κατήντησεν εἰς Ἔφεσον, δυνατὸς ὢν ἐν ταῖς γραφαῖς.

Lign. 17. de *Penpouher, Πινποωρ.*] Un assez grand nombre de noms de ville commencent,
en démotique, par la syllabe *pin, Πιν,* forme un peu abregée du mot *p.ana, p.ene* que nous
avons examiné plus haut (lign. 8) et qui signifie *le propylon.* Ainsi le nom de *Penpouher, Πιν-*
ποωρ se décompose de la manière suivante: Ⲡ.ⲉⲛ–ⲡ.ⲟⲩϩⲱⲣ, *le propylon du chien.*

Lign. 19. le fouleur, *γναφευς.*] Sur les fouleurs M. Wilkinson, Manners and customs of the
ancient Egyptians. vol. III p. 162 nous dit »Many persons, both man and women, were engaged in
»cleaning cloth, and stuffs of various kinds; and the occupations of the fuller form some of the numerous
»subjects of the sculptures,« tout en donnant une représentation, tirée d'un tableau de Béni-Hassan.

---

[1] Plut. de Isid. et Osir. c. 29 *τὴν ἑορτὴν Αἰγύπτιοι τὰ χαρμόσυνα ΣΑΙΡΕΙ καλοῦσιν.* Quant à la position
ϣⲁ ⲓⲣⲓ cf. le nom de la plante ⲁⲛϣⲓⲣⲓ, en démotique *anch iri,* faciens vitam.

[2] Jos. ant Jud. II, 6.

Lign. 21. Sousikertes, *Σωκρατης*.] Le texte démotique offre clairement le nom SOUSIKeRTeS qui est, sans doute, exacte. Il est rendu en grec par inadvertance par *Σωκρατης*. Il est connu qu'une foule de noms grecs commencent par les syllabes *Σωσι*. En ouvrant p. ex. le lexique de Suidas on trouve *Σωσίπατρος, Σωσιφάνης, Σωσικλῆς, Σωσιβίος*. N'est-il pas assez probable qu'il faille lire ici *Σωσικράτης* pour se rapprocher de l'équivalent démotique?

Lign. 25. *de Pmech.*] Le texte grec ne donne l'antigraphe de ce nom que col. 8. l. 9: *Πμουχις* nous trouvons dans les papyrus de Turin ce village écrit *Πμυχῆς* qui, sans doute, est encore le même que celui de notre papyrus démotique: *Pmech, Π.μυχ.* Pmychès était *της λιβνης του Κοπτιτου*.

Lign. 26. Timout, *Τιμουθις*.] Encore un exemple du rejet de l'article féminin à la fin du mot †-ⲙⲟⲩ.ⲧ, donum matris. La valeur du groupe démotique *mou.t* est bien connue (en copte ⲧ.ⲙⲁⲩ). La contre-partie grecque se lit *μου.θ*, forme que nous lisons dans Plutarque: *Ἡ δ' Ἰσις ἔστιν ὅτε καὶ ΜΟΥΘ....προσαγορεύεται· σημαίνουσι δὲ τῷ.....ὀνόματι μητέρα.* [1]

Lign. 27. Djeoh, l'ouvrier en or, *Τεως χρυσοχους*.] Le nom démotique se compose de deux groupes bien distincts, dont le premier, si fréquent dans les textes démotiques, se prononce *dje*, en copte ⲭⲉ, dicere, loqui. Le caractère qui suit, n'est qu'un abrégé de celui qui se rencontre entr' autres dans le nom de *Thothoh* (col. V. l. 10); c'est le dérivé de l'hiéroglyphe représentant l'interjection *ὡ*, oh! [2] Le tout se prononce donc ⲭⲉⲱ, *dje-oh*, et signifie: *dic oh!* Manéthon, dans son Canon chronologique, mentionne un roi Sebennytique (2ᵉ de la XXXᵉ dynastie) *ΤΕΩΣ*, dont le règne dura *ἔτη β*, dont on n'a pas encore trouvé la légende hiéroglyphique. La découverte de ce cartouche royal viendrait bien à propos à justifier notre nom démotique.

V. sur les orfèvres et la fabrication de l'or l'intéressant article de M. Wilkinson, Manners a. c. vol. III. p. 221 seqq. Il en résulte que cet art aussi était bien répandu et perfectionné parmi les Égyptiens.

CINQUIÈME COLONNE.

Lign. 10. de Pahi, *Παεως*.] La valeur du groupe démotique est parfaitement connue. La transcription grecque suppose le nominatif: *Παις*, et en effaçant l's, désinence grecque, nous obtenons *Παι* qui se rapproche assez de l'égyptien *Pahi*. Le papyrus de Turin présente l'orthographe *Πωις*. Je n'ai pas besoin de dire que ce changement de voyelles tient à la nature vague des sons égyptiens. Ce village, du reste, est situé dans la partie occidentale du nome Koptite.

Lign. 12. Horchons, *Πχορχωνσις*.] Le nom égyptien se compose de deux noms de dieu: *Hor* (transcrit isolément: *Ωρος* et dans la composition *Αρ-*) et *Χωνσ-ις*. Il est clair qu'il y a incorrection dans la contre-partie grecque. *Πχορ* répond (comme plus haut pag. 32) à un groupe connu qui signifie *le jeune*. Or, à quoi tient cette incorrection? sans doute à une confusion de sons très probable si l'on admet que le scribe grec a écrit sous la dictée d'un Égyptien.

---

[1] Plut. de Isid. et Osir. c. 56.

[2] Le MS. funéraire démotique que j'ai découvert à la bibliothèque nationale de Paris, correspondant à un original en hiéroglyphes, nous présente la même exclamation dans les deux textes. V. pl. II no. 29.

Lign. 13. de Pschapar, *Ψαποαρεως*.] Le nom démotique *p.scha-n-ar* ou en joignant l'article au second substantif *p.scha-n-p.ar*, se lirait en copte ⲡϣⲎⲒ ⲛ̄ ⲓⲟⲣ ou ⲡϣⲎⲒ ⲡⲓⲟⲣ, signifiant: cisterna fluminis, cisterna Nili. Le nominatif du mot grec *Ψοποαρις* renferme toutes les lettres du terme démotique, à la préposition ⲛ̄ près qui, on le sait bien, se supprimait très facilement.

Je pense que le mot démotique de ce bourg s'est encore bien conservé en copte et dans un auteur grec qui en parle. Étienne de Byzance fait mention d'un bourg *Ψενηρος* que Champollion l. j. [1] compare avec raison à un mot copte, cité dans les actes de Saint Epime: ϣⲉⲛⲉⲣⲱ ou ⲡϣⲉⲛⲉⲣⲱ, mais dont le sens ne lui était pas connu. Je pense que l'identité des deux noms égyptiens, démotique et copte et, par conséquent, la valeur donnée par le démotique, est désormais hors de doute.

Lign. 16. le pêcheur, *αλιευς*.] Le groupe démotique correspondant à *ἅλιευς* se compose de quatre lettres *P.OU.H.A*, suivies d'un long trait légèrement recourbé, déterminatif habituel de tout ce qui se rapporte à l'idée poisson. Effectivement en copte ⲡⲓ ⲟⲩⲟϩⲓ, ⲟⲩⲱϩⲓ signifie: piscator, mot dont notre expression démotique *p.ouha* est évidemment le radical.

Le métier de pêcheur était fort en vogue chez les Égyptiens, parce que le Nil est très riche en poissons. Je crois bien deviner pourquoi notre *Pachrat* est établi à *Ophi* sur la rive *gauche* du fleuve. Hérodote, à propos des poissons, nous dit que, si l'on en prenait qui descendaient vers la mer, on remarquait toujours des froissures au côté gauche de la tête; et qu'on en trouvat au côté droit, si les poissons étaient pris en remontant. C'est que, ajoute l'historien, les poissons, en montant comme en descendant le fleuve, en côtoyaient de près *le bord gauche* pour ne pas être déroutés par la force du courant. [2]

Lign. 24. Helklit le maître du sol; *Ηρακλειδης κατοικος*.] Il est connu qu'on désigne en grec par *κατοικοι* les étrangers qui, à une époque antérieure, sont venus s'établir en Égypte. [3] Le sens du groupe démotique est trop certain pour ne pas répondre à la traduction grecque (maître du sol, propriétaire foncier). Cet *Ηρακλειδης* qui avait sa demeure à Thèbes même et non dans un des villages, me paraît être un personnage bien connu de son temps; c'est peut-être celui qui, dans le papyrus grec de Turin no. I, passant de l'an 117 avant notre ère, est nommé: *Ηρακλειδης των αρχισωματοφυλακων και επιστατης του Περιϑηβας και επι των προσοδων του νομου*, ou cet autre, qualifié *Η. των αρχισωματοφυλακων και γυμνασιαρχης*.

Lign. 28. Phrihelk(l)ites, *Φριηρακλειδης*.] C'est un composé d'un terme égyptien *Φρι*, *p.hri* (V. pag. 48) et d'un nom grec *'Ηρακλειδης*.

---

[1] L'Égypte s. l. Ph. tom. I p. 306.
[2] Hérod. liv. II chap. 93.
[3] Reuvens. IIIe lettre, p. 18 seq.

Voilà, Monsieur le Vicomte, les remarques les plus intéressantes que m'a offertes jusqu'à présent la collation des deux textes démotique et grec. J'aurais pu, sans doute, faire des recherches plus minutieuses encore; mais je pense que cela satisfera vos désirs et la curiosité du lecteur.

Je ferai suivre ici immédiatement les deux autres contrats de vente, dont il a été question plus d'une fois dans cet ouvrage. L'original démotique du premier a été découvert avant le mien. J'ai mis en regard la traduction de l'égyptien pour faire constater le rapport qui existe entre les deux textes.

APPENDICE.

No. I.

Papyrus grec rapporté de l'Égypte par M. Grey et contenant un contrat de vente, daté de l'an 146 avant notre ère.

L'original démotique est conservé au musée égyptien de Berlin.

Αντιγραφον συνγραφης Αιγυπτιας περι νεκρων εν Θυναβουνουν, γενο- μενης κατα δυ.... ετους λϛ Αθυρ ϗ μετα τα κοινα ταδε λεγει·

L'an XXXVI le 18. du mois d'Athyr sous le règne de Ptolémée et de Cléopâtre, sa soeur, fils de Ptolémée et de Cléopâtre, dieux manifestés, et sous le prêtre d'Alexandre et des dieux sauveurs, des dieux frères, des dieux bienfaisants, des dieux aimant leur père, des dieux manifestés, du dieu (fils) d'un père fort et des dieux aimant leur mère, et sous la porteuse de l'enseigne de la victoire de Bérénice, la bienfaisante, et sous la porteuse de la corbeille d'argent et d'or pour la victoire d'Arsinoé aimant son frère, et sous la prêtresse d'Arsinoé aimant son père, tous établis à Alexandrie; et à Ptolémaïs dans la Thébaïde sous le prêtre de Ptolémée *Pisouter* et sous le prêtre du roi Ptolémée aimant sa mère, et sous le prêtre de Ptolémée aimant son frère,

Lign. 2] et sous le prêtre de Ptolémée, le bienfaisant, et sous le prêtre de Ptolémée aimant son père, et sous le prêtre de Ptolémée (fils) d'un père fort, et sous le prêtre de Ptolémée, le dieu manifesté (et) qui fait des largesses, et sous la prêtresse de la reine Cléopâtre,[1] et sous le prêtre de Cléopâtre, la mère d'Ammon comme (??) Isis, la manifestée, et sous la porteuse de la corbeille d'argent et d'or

---

[1] Le papyrus de Paris qui se rapporte à l'autre frère *Hasa*, a quelque chose de plus, il ajoute ici: *et sous la prêtresse de Cléopâtre, la fille du roi.*

Χολχυτης των Διοσπολεως της μεγαλης Οννωφρις Ωρου μητρος Σενποηριος, ως L$\overline{μ}$, ευπετεσιος, μεγας, μελιχρως, κοιλοφθαλμος, αναφαλαντος, Ωρῳ Ωρου μητρος Σενποηριος ηυδοκησε ασμενως της τιμης του ημισους του τριτου της λογειας των κειμενων νεκρων εν Θυναβουνουν εν τη λιβυη του Περιθηβας εν τοις Μεμνονειοις, ομοιως και του ημισους του τριτου λειτουργιων και των αλλων, ων τα ονοματα

Ιμουθης[2] Σποτουτος συν τεκνοις και παντων,

Χαποχρατης Νεχθμωνθου συν τεκνοις και παντων,

Αρσιησις Νεχθμωνθου ομοιως,
Πετεμεστους Νεχθμωνθου
ωσαυτως,
Αρσιησις Ζμινιος ομοιως,
Οσοροηρις Ωρου ομοιως,
Σποτους Χαποχωνσιος ωσαυτως
ζωγλυφος,

αφ ων επιβαλλει Ασωτι Ωρου μητρος Σενποηριος τῳ νεωτερῳ σου αδελφῳ των αυτων χολχυτων το ημισυ του προειρημενου τριτου μερους λειτουργιων και καρπειων και των αλλων. Απεδοτο αυτῳ εν τῳ $\overline{λς}$ Αθυρ επι βασιλεως αιωνοβιου εις πληρωσιν του τριτου, και του ημισεος καρπειων και των αλλων, νεκρων εν

pour la victoire d'Arsinoé aimant son frère — (ce jour) A DIT le pastophore d'Ammon-Ophi dans la grande maison de l'ouest de Thèbes *Ounnofre* fils d'*Hor*, dont la mère est *Tsenpoéri*, étant robuste, âgé de 40 ans, au teint jaune, aux yeux caves, à la tète chauve, (parlant) au pastophore d'Ammon-Ophi dans la grande maison de l'ouest de Thèbes *Hor* fils d'*Hor*,[1] dont la mère est *Tsenpoéri:* Tu as donné, mon coeur est satisfait du paiement de la moitié de mon tiers des droits funéraires

Lign. 3] des morts qui reposent dans le tombeau (public) — *Nebounoun*, dans les villages de la maison de l'ouest de Thèbes; ainsi que (du paiement) de la moitié de mon tiers de leurs liturgies et de ce qui m'en revient, ce qui en fait le sixième. Voici leurs noms:

Imhotp, fils de *Sepotou*, avec ses enfants et ses gens,

Chapechrat, fils de *Nechtmont*, avec ses enfants et ses gens,

Horsiési, fils de *Nechtmont*, avec ses enfants et ses gens,
Petamensato, fils de *Nechtmont*, avec ses enfants et ses gens,

Horsiési, fils de *Semin*, avec ses enfants et ses gens,
Osoroéri, fils d'*Hor*, avec ses enfants et ses gens,
Sepotou, fils de *Chafchons*, le sculpteur, avec ses enfants et ses gens.

Ce qui en échoit au pastophore d'Ammon-Ophi dans la grande maison de l'ouest de Thèbes *Hasa*, fils d'*Hor*,[3] dont la mère est *Tsenpoéri*, ton frère, c'est l'autre moitié de mon tiers des droits funèbres des morts, énumérés plus haut, ce qui fait le sixième que je lui ai vendu pour une somme d'argent l'an XXXVI, au mois d'Athyr, sous le roi toujours-vivant, pour compléter le tiers par ce sixième; ainsi que la moitié de mes droits funéraires

---

[1] Pap. de Paris: *Hasa*, fils d'*Hor*, etc.

[2] On a lu jusqu'à présent Μουθης. D'après le texte démotique il n'y a pas de doute sur l'exactitude de la rectification de ce nom en grec.

[3] Pap. de Paris: *Hor*, fils d'*Hor*, etc.

Θυ. Πατευτημει συν τεκνοις και παντων, και ημισους καρπειων επιβαλλοντων μοι εν τοις Πετεχωνσιος γαλακτοφορου και τοπου Ασιητος καλουμενου Φρηκαγης συν των εν αυτω νεκρων, αφ ων επιβαλλει τω αυτω Ασωτι το ημισυ. Απεδομην αυτω, σα εισιν

και εχω αυτων παρα σου την τιμην κουθεν σοι εγκαλω περι αυτων απο τοσημερον· εαν δε τις σοι επηλθη περι αυτων υποστησω αυτον, εαν δε μη υποστησω αποστησω επαναγκον.

Εγραψεν Ωρος Φαβιτος ο παρα των ιερειων του Αμόνρασωνθηρ και των σνυναων θεων μονοφραφος.

Lign. 4] de la place de *Peteneftoum* avec ses gens et ceux qui y reposent, de même que la moitié de mes droits de la place de *Petechons*, le porteur du lait sacré, et celle de la maison de *Phrekadj*, l'Asiatique, avec leurs gens et avec ceux qui y reposent, dont revient à *Hasa*, fils d'*Hor*, leur autre moitié que je lui ai vendue pour une somme d'argent. Je te cède tout cela en déclarant que c'est *ta* moitié du tiers des droits funéraires des morts qui reposent dans le tombeau (public) — *Nebounen*, avec leurs enfants et avec leurs gens, énumerés plus haut; ainsi que la moitié des droits funéraires de la place de *Peteneftoum*, de même que de la place de *Petechons*, le porteur du lait sacré, de même que de la maison de Phrekadj, l'Asiate, nommés plus haut. J'en ai reçu le paiement de ta main. Tout le reste est en règle. Mon coeur est satisfait; et je n'aurai plus de réclamation à t'adresser à partir de ce jour, au sujet de ce qui vient d'être énoncé. Si quelqu'un vient t'arracher cela

Lign. 5] c'est moi qui l'en empêcherai pour ta défense. Mais si je ne peux l'empêcher de te prendre ce que je viens de dire, je te le restituerai forcément....... Ceci a été écrit par *Hor*, fils de *Pabi*, scribe du nom des prêtres d'Ammon-Ra, roi des dieux, et des dieux frères, et des dieux bienfaisants, et des dieux aimant leur père, et des dieux manifestés, et du dieu (fils) d'un père fort, et des dieux aimant leur mère. Le......

Μαρτυρες	p.ran en ne.metre.ou
	(Voici la liste des témoins)
Εριευς Φατρεως [1]	1. *Heriu en P.hater-en-heriu*
Πετεαρπρης Πετευτημιος	2. *Pet-hor-p.ré en Pet-nouf-toum*
Πετεαρποχρατης Ωρου	3. *Pet-hor-p.chrat en Hor*
Σναχομνευς Πετευριος	4. *Se-nou-schmoun en Pet-hor* (?)
Σναχομης Ψενχωνσιος	5. *Se-n-χo-mete en P.se-n-chons*
Τοτοης Φιβιος	6. *Toutou en P.lib*
Πορτις Απολλωνιου	7. *p. ? en Aplounis*

---

[1] Le texte donné par MM. Young et Kosegarten porte: Φανριους.

Ζμινις Πετεμεστουτος	8. *Se-min en Pet-amen-sa-to*
Πετεντημις Αρσιησιος	9. *Pete-nev-tem en Hor-si-esi*
Αμονορυτιος Παχημιος	10. *Amon-hor en Pa-kemi*
Ωρος Χιμναραυτος	11. *Hor en Cho-amen-er-aut*
Αρμηνις Ζβενθητιος [1]	12. *Hor-menes en Se-bentet*
Μαησις (?) Μιρσιος	13. *Hmour en Meser*
Αντιμαχος Αντιγενους	14. *Antimedjous en Antikenes*
Πετοφωις Φιβιος	15. *Pet-ho-phi en P.hib*
Πανας Πετοσιριος.	16. *Pa-na en Pet-osiri*
μαρτυρες ιϛ	*en ni. XVI.*

A l'aide de ce papyrus et d'autres grecs et démotiques j'ai réussi à établir la filiation de ces pastophores que je fais suivre ici, à commencer par Hor dont la femme est Tsenpoér ou Tsenpoéri.

Hor (Ωρος) ⌣ f. Tsenpoér (Σενποηρις) . . . . Iᵉ gén. 220—190

1. Ounnofre (Οννωφρις) né 186, † 135 a. J.-Ch. — 2. Hor (Ωρος) né 183 a. J.-Chr. ⌣ f.-Schachpri (Σαχηρις) — 3. Hasa (Ασως) . . . . IIᵉ gén. 190—160

f.-Tsenpoér? ⌣ 1. Osoroér (Οσορορις) né 159 a. J.-Ch. — 2. Nechtmont (Νεχθμωνθης) — 3. Petosiri (Πετοσιρις) — 4. Tavé (Ταγης) — 5. Petamensato (Πετεμεστους) — 6. Chapechrat (Χαποχρατης) . . IIIᵉ gén. 160—130

1. Schachpri (Σαχηρις) né 132, — 2. Hor (Ωρος) né 131, — 3. Pchelchons (Πχιρχωνσις) né ? a. J.-Ch. . . . . IVᵉ gén. 130—100

avant notre ère.

Des membres de ces quatre générations il y a cinq dont j'ai pu déterminer les dates de naissances et de décès.

1° Dans le contrat démotique dont je viens de donner la traduction il est dit que Ounnofre fils d'Hor et de Tsenpoér est âgé 40 ans. L'antigraphe grec porte ως L $\bar{μ}$. Ce contrat étant rédigé l'an XXXVI du règne de Ptolémée Philométor ou l'an 146 avant J. Ch., il s'en suit que Ounnofre est né en 186 avant notre ère.

2° Son frère Hor est présenté dans le contrat grec de Paris comme âgé ως L ξϑ, de 69 ans. Ce contrat est rédigé 114 avant l'ère chrétienne, donc Hor est né en 183 avant J.-Ch.

3° Dans ce même papyrus il est fait mention, en outre, de l'âge du fils aîné de cet Hor: Osoroér ως L με, de 45 ans. Il est donc né en 159 avant J.-Ch.

4° Enfin on conserve au musée de Berlin un petit fragment de papyrus, trouvé dans le rouleau de papyrus Ax. 5. contenant un contrat de vente, daté de l'an XXIX du règne d'Évergète II, sur lequel se présente une notice de famille écrite assez lisiblement, dont voici la traduction:

---

[1] Chez Young et Kosegarten: *Ζϑενωητιος*, mais d'après notre texte démotique il faut changer le Θ en *B* et l'*A* en *Δ*.

Lign. 1. *» L'an **XXXVI**. au mois d'Athyr*

» le 19. c'est le jour

» du décès d'Ounnofre. «

*» L'an **XXXIX**. au mois de Thoth*

Lign. 5. *» le 8. sous le règne de*

» Troupen c'est le jour de la naissance

» de Schachpri. «

*» L'an **XL**. au mois d'Epiphi le 19.*

» sous le règne de Troupen

Lign. 10. *» c'est le jour de la naissance*

» d'Hor fils d'Osoroér. «

Voilà de précieuses notices sur la famille de ce pastophore d'Ammon-Ophi Hor! Mais pour fixer le point de départ de notre calcul, quel est ce roi *Troupen*,[1] nommé dans ce petit fragment de papyrus? La date de l'an XL du règne de ce Troupen me paraît démontrer surabondamment, qu'il s'agit ici du roi *Évergète II.* à qui se rapporte ce nom $T\varrho\upsilon\varphi\omega\nu$, sobriquet sans doute. C'est le seul roi qui, comme Sôter I, regna plus de 39—40 ans et à qui, par conséquent, peut s'appliquer ce nom, bien qu'aucun des auteurs anciens nous ait fait connaître parmi les surnoms qu'il portait, celui de $T\varrho\upsilon\varphi\omega\nu$ qui, pour la première fois, se présente dans cette curieuse notice de famille. Enfin, ce qui vient appuyer l'opinion que je viens d'émettre, c'est que le morceau de papyrus, sur lequel se trouve la notice précitée, était enroulée dans un contrat de vente, daté de l'an XXIX de ce même roi.

L'an 36. de son règne répond à l'an 135. avant J.-Ch. (date du décès d'Ounnofre.)

» 39. » » 132. » (date de la naissance de Schachpri.)

» 40. » » 131. » (date de la naissance d'Hor.)

Pour faire connaître l'histoire de la famille de cet Osoroér fils d'Hor dont il est question dans beaucoup de papyrus apportés de l'Égypte, je vais citer tous les actes venus à ma connaissance jusqu'ici.

---

[1] Il faut bien distinguer la forme féminine: $T\varrho\upsilon\varphi\alpha\iota\nu\alpha$, rendue en démotique: *Troupina*, de ce nom qui se rapporte à un roi, car c'est ainsi que donne le text démotique: *seten Troupen*, et pas *t.seten Troupina.*

ANNÉES AVANT J.-CH.	AGE D'OSOROÉR.	PAPYRUS.	MUSÉES.
159	..	Année de la naissance d'Osoroér.	
135	24	Décès d'Ounnofre, oncle d'Osoroér.	
132	27	Naissance de Schachpri, fille d'Oso-roér.	Petit fragment de papyrus en démotique, Berlin.
131	28	Naissance d'Hor fils d'Osoroér.	
127	32	Osoroér porte plainte pour cause de violation de tombeaux. [1]	Pap. grec, Paris Mus. Charl. X. no. 4.
125	34	Hor cède quelques tombeaux à son fils Osoroér.	Pap. dém. Berlin no. 7, a (42).
119	40	Hor cède quelques autres tombeaux à son fils Osoroér.	Ibid. no. 12, (48).
118	41	Le prêtre d'Ammon Imhotp vend à Osoroér un terrain nu de 1000 coudées carrées.	Ibid. no. 9, (37).
114	45	Quittance donnée par un grec, né en Égypte, *Psenmont* à Osoroér de 3 talents.	Ibid. no. 13, (51).
..	..	Hor cède à Osoroér quelques pro-priétés avec dépendances.	Pap. grec Casati. Paris. / Pap. dém. Berlin no. 18, (50). Manuscrit bilingue.
112	47	Osoroér dépose une plainte, rela-tive aux exactions du fisc.	Trois papp. grecs, Turin no. V, VI, VII.
104	55	Tanouh vend à Osoroér la sixième partie d'une maison.	Pap. dém. Berlin no. 14, (39).
..	..	Snachmouneu vend à Osoroér la sixième partie d'une maison.	Ibid. no. 15, (40).

[1] Voici, d'après le travail de M. Letronne, le texte avec la traduction de ce document curieux:

1. $Διονυσίῳ$ $τῶν$ $φίλων$ $καὶ$ $ἱππάρχῃ$ A Denys, un de mes amis, hipparque
   $ἐπ'$ $ἀνδρῶν$ $καὶ$ $ἀρχιφυλακίτῃ$ des hommes, et archiphylacite
   $τοῦ$ $περὶ$ $Θήβας,$ $παρ'$ $Οσοροήριος$ $τοῦ$ du Péri-Thèbes; de la part d'Osoroéris, fils
   $"Ωρου$ $χολχύτου$ $τῶν$ $ἐκ$ $τῶν$ d'Horus, cholchyte d'entre ceux des
5. $Μεμνονείων·$ $Εἰσαγγέλλω$ Memnonia. Je porte à ta connaissance
   $ὅτι$ $τοῦ$ $ΜΔL,$ $Λόχου$ $τοῦ$ que l'an XLIV, lorsque Lochus, le
   $συγγενοῦς$ $ἐπιβεβληκότος$ parent, est venu
   $εἰς$ $Διόσπολιν$ $τὴν$ $μεγάλην,$ à Diospolis-la-Grande,

No. II.

Le papyrus grec de Nechoutès, contenant un contrat de vente, passé l'an 106 avant notre ère.

Lign. 1. *Βασιλευοντων Κλεοπατρας και Πτολεμαιου υιου, του επικαλουμενου Αλεξανδρου, θεων Φιλομητορων Σωτηρων, ετους ΙΒ, του και Θ, εφ ιερεως του οντος*

Lign. 2. *εν Αλεξανδρειαι Αλεξανδρου, και θεων Σωτηρων, και θεων Αδελφων, και θεων Ευεργετων, και θεων Φιλοπατορων, και θεων Επιφανων, και θεου*

Lign. 3. *Φιλομητορος, και θεου Ευπατορος, και θεων Ευεργετων, αθλοφορου Βερενικης Ευεργετιδος, κανηφορου Αρσινοης Φιλαδελφος, και ιερειας Αρσινοης*

Lign. 4. *Ευπατορου, των οντων εν Αλεξανδρειαι· εν δε Πτολεμαιδι της Θηβαιδος εφ ιερεων Πτολεμαιου του μεν Σωτηρος, των οντων και ουσων*

Lign. 5. *εν Πτολεμαιδι· μηνος Τυβι ΚΘ· επ Απολλωνιου του προς τηι αγορανομιαι των Με[μνονεων] και της κατω τοπαρχιας του Παθυριτου,*

ἐπελθόντες τινὲς ἐφ' ἕνα	certaines personnes ont envahi l'un
10. *τάφον τῶν ὑπαρχόντων μοι*	des tombeaux qui m'appartiennent
ἐν τῷ περὶ Θήβ. καὶ ἀνοί-	dans le Péri-Thèbes; l'ayant ou-
ξαντες, τινὰ μὲν τῶν	vert, ils ont dépouillé
τεθαμμένων σωμάτων	quelques-uns des corps qui y étaient
ἐξέδυσαν· ἀπηνέγκαντο	ensevelis, et en même temps ont emporté
15. *δὲ ὁμοῦ ἃ ἐτύγχανον ἀπηρεις-*	tous les effets que j'y avais mis,
μενος ἐκεῖ ἔπιπλα,	
α τ	
ἄξια Χ Λ Γ συνέβη δὲ καὶ,	montant à la somme de dix talents de cuivre. Il est
	arrivé aussi
διὰ τὸ ἀχανῆ τὴν θύραν	que, comme la porte fut laissée toute grande
ἀφεθῆναι, ὑπὸ λύκων	ouverte, des corps en bon état
20. *λυμανθῆναι ἀγαθὰ*	ont beaucoup souffert de la part
σώματα περιβρωθέντα·	des loups qui les ont en partie dévorés.
Ἐπεὶ οὖν ὑπάγω (?) κατὰ	Puisque j'intente action contre
Ποήριος καὶ	Poëris et ......
καὶ Φτώνιος τοῦ ἀδελφοῦ	et Phtônis, son frère,
25. *αὐτοῦ, ἀξιῶ ἀνακαλεῖν*	je demande qu'ils soient cités
αὐτους ἐπὶ σὲ, καὶ τὴν	devant toi, et qu'après
προσήκουσαν ἐξ ἐπισκέ-	mûr examen, on rende
ψεως διάληψιν ποιήσασθαι.	la décision convenable.
Εὐτύχει	Sois heureux!

Lign. 6. *απεδοτο Πιμωνθης, ως L ME, μεσος, μελανχρως, κλαστος, αναφαλακρος, στρογγυλοπροσωπος, ευθυριν, και Σναχομνευς, ως L K, μεσος, μελιχρως,*

Lign. 7. *κλαστος, στρογγυλοπροσωπος, ευθυριν, και Σεμμουθις Περσινηι, ως L KB, μεσηι,
μελιχρως στρογγυλοπροσωπος, ενσιμος, ησυχη, και Ταθαυτ*

Lign. 8. *Περσινηι, ως L Λ, μεσηι, μελιχρως, στρογγυλοπροσωπος, ευθυριν, μετα κυριου
του εαυτων Πιμωνθου, του συναποδομενου, οι τεσσαρες*

Lign. 9. *των Πετεψαιτος, των εκ των Μεμνονεων σκυτεων, απο του υπαρχοντος αυτοις
εν τωι απο νοτωι μερει Μεμνονεων παχεις*

Lign. 10. *ψιλου τοπου πηχεις εν τεταρτον· ης γειτονες, νοτου, ρυμη βασιλικη· βορρα και
απηλιωτου, Παμωνθου και Βοκονσημιος αδελφος,*

Lign. 11. *ης κοινος τειχος· λιβος, οικια Ταγητος του Χμομπρεους, ης ανα μεσον δια-
φυσις· ης οι αν ωσιν γειτονες παντοθεν. Επριατο Νεχουτης*

Lign. 12. *μικρος, Ασωτος, ως L M, μεσος, μελιχρως, τετανος, μακροπροσωπος, ευθυριν,*

ουλη μετωπωι μεσωι· χαλκου νομισματος Λ̇Λ. Προπωληται και

Lign. 13. *βεβαιωται των κατα την ωνην ταυτην οι αποδομενοι, ον εδεξατο Νεχουτης ο
πριαμενος.*

Απολλω[νιος] κεχρ[ηματικα.]

ENREGISTREMENT.

Ετους ΙΒ, του και Θ, Φαρμουθι K̅E̅ (τετακται) επι την εν Ερ[μωνθει]
τρα[πεζαν], εφ ης Διονυ[σιος] Ι̇ [i. e. δεκατης] ενκυ[κλιου], κατα
διαγρα[φην] Ψενχω[νσιος] τελ[ωνου], υφ ην
υπογρα[φει] Ηρακλειδης ο αντιγρα[φευς], τελ[ος] ωνης·
Νεχουτης μικρος, Ασωτος, ψιλον τοπον,
πη[χεις] εν τεταρτον, εν τωι απο νοτου μερει
Μεμνονεων, ον εωνησατο παρα
Πιμωνθης του και Σναχομνεως,
των Πετεψαιτος, και ταις αδελφαις.
χα[λκου] ταλ[αντων] Λ. τελ[ος] X· Δι[ονυσιος] τρα[πεζιτης.]

Remarque. Voici les erreurs d'orthographe ou de grammaire, commises par l'écrivain
égyptien. Lign. 3. *Ευεργετιδος* et *Φιλαδελφος.* Lign. 4. *Ευπατορου.* Lign. 7, 8. *μεσηι, — Περσινηι.* Lign. 9. *απο νοτωι* Enreg. lign. 7. *Πιμωνθης του* pour *Πιμωνθου.*

No. III.

a) La dynastie des Ptolémées

à partir de Ptolémée-Sôter jusqu'à la mort de Cléopâtre Cocce.

(305 = Olymp. 118,4 — 90 avant J.-Ch.)

ANNÉES DE L'ÈRE DE NABONASSAR.	ANNÉES AVANT L'ÈRE CHRÉTIENNE.	ANNÉES DU RÈGNE DE:	CULTE OFFICIEL A ALEXANDRIE.			
			ἱερευς	ἱερεια	κανηφορος	αθλοφορος
444	305	Ptolémée Sôter I. *(Ptloumis nehem.)* 1.	Αλεξανδρου θεων Σωτηρων			
464	285	(Sôter I.) 40. | Ptol. Philadelphe *(Ptloumis son.)* 1.	θεων Αδελφων	. . . .	Αρσινοης Φιλαδελφου	
481	268	57. | 18.				
481	268	Ptolémée Philadelphe seul. 18.				
502	247	39.				
502	247	Ptolémée Évergète I. *(Ptloumis mench.)* 1.	θεων Ενεργετων	. . . .	. . . .	Βηρηνικης Ευεργετιδος
527	222	26.				
527	222	Ptolémée Philopator *(Ptloumis marautef.)* 1.	θεων Φιλοπατορων	Αρσινοης Φιλοπατορος		
544	205	18.				
544	205	Ptolémée Épiphane *(Ptloumis hir.)* 1.	θεων Επιφανων			
568	181	25.				
		(Ptolémée Eupator)	θεου Ευπατορος			
568	181	Ptolémée Philométor *(Ptloumis marmautef.)* 1.	θεου Φιλομητορος			
579	170	Ptol. Philométor 12. | Ptol. Évergète II. 1.	θεου Ενεργετου			
603	146	36. | 25.				
604	145	Ptolémée Évergète II. seul. 26.				
632	117	54.				
632	117	Cléopâtre et Sôter II. 1.				
634	115	3.	(θεων Φιλομητορων Σωτηρων			
635	114	Cléopâtre (et Sôter II.) 4. | Ptol. Alexandre 1.				
659	90	28. | 25.				

b) La famille des Ptolémées de Sôter jusqu'à Alexandre II.

Ptolémée ⌣ f. Bérénice . . . .
Sôter I.

Ptolémée ⌣ f. Arsinoé . . . .
Philadelphe

Ptolémée ⌣ f. Bérénice . . . . .
Évergète I.

Ptolémée ⌣ f. Arsinoé . . . . . .
Philopator

Ptolémée ⌣ Cléopâtre . . . . . .
Epiph. Eucharist.

Ptolémée   Ptolémée ⌣ Cléopâtre ⌣ Ptolémée . . . .
Eupator   Philométor   Évergète II.

Cléopâtre
2ᵉ f. d'Évergète II.

Ptolémée   Alexandre I.
Sôter II.

Cléopâtre
f. d'Alex. I.

Alexandre II.

CULTE DE FAMILLE A PSI (PTOLÉMAIS).		
p.ouab en (prêtre de)	*t.ouab en* (prêtresse de)	*t.fi en kna..... en* (canéphore de)
1. *Ptloumis psouter.*	. . . . .	. . . . . .
3. *Ptl. p.mar-son.*	. . . . .	10. *Arsin t.mar-son.*
4. *Ptl. p.mench.*	. . . . .	. . . . .
5. *Ptl. p.mar-aut.f.*	. . . . .	. . . . .
7. *p.nouter hir et.iri nofre.u.*	. . . . .	. . . . .
9. *p.kloupeter.... hir.*	. . . . .	. . . . .
6. *Ptl. en djno-a.auf.*	. . . . .	. . . . .
2. *souten Ptl. mar-mautef.*	8. *t.souten kloupeter.*	. . . . .

Remarque. Les noms des prêtres de ce dernier culte sont transcrits du papyrus du musée égyptien de Berlin dont j'ai reproduit le texte sous no. I de cet appendice. J'observe, quant à l'ordre, suivi dans l'énumération, qu'on a mis

1° le pontife du fondateur de Ptolémaïs: Sôter I (1),

2° celui du Ptolémée regnant: *Ptolémée Philométor* (2), et enfin

3° celui des autres Ptolémées, auxquels on a ajouté ceux des reines mère et femme de Philométor. Qu'on remarque de plus que, dans ce culte, on parle d'un *Ptolémée Philadelphe, p.mar-son,* tandis que dans la liste officielle, il n'y a que »*les dieux Adelphes.*«

No. IV.   Tableau
des désinences grecques qui servent à gréciser les noms propres égyptiens.

LETTRE FINALE DU MOT ÉGYPTIEN.	DÉSINENCE GRECQUE POUR LES NOMS PROPRES	
	DE PERSONNES.	DE VILLES.
—A { —a	—α —ας, ατος	—ας.
—é	—ης, εους	
—e	—ις, ιδος ou ιος	—ις, εως.
—ò {	—ως, ωτος —ους, οντος	
—o	—ος, ον	
—u	—υς, νος	

LETTRE FINALE DU MOT ÉGYPTIEN.	DÉSINENCE GRECQUE POUR LES NOMS PROPRES	
	DE PERSONNES.	DE VILLES.
—I —i	—ις, ιδος ou ιος	—ι.
—u	—υς, υος	—ις, εως.
—ei	—εις	—εις.
—OU	—ω	—ου.
—iou, eou, eu	—ους, οντος	
	—ευς, εως	
—au	—αυς, αυτος	
	—ους, οντος	
—B	—βις, βιος	—βις, βεως.
—F	—ψ, πος	
	—φις, φιος	
—P	—πις, πιος	
	—φις, φιος	—φις, φεως.
	—βις, βιος	
—M	—μις, μιος	—μις, μεως.
	—μης, μεους	
—N	—ν, νος	—ν.
	—νις, νιος	—νις, νεως.
	—νης, νεους	
—L	—λις, λιος	—λις, λεως.
	—λης, λεους	
—R	—ρ,	—ρ.
	—ρις, ριος	—ρις, ρεως.
	—ρης, ρεους	
	—ρος, ρου	
—S	—ς	
	—σις, σιος	—σις, σεως.
	—σης, ου	
—T	—θ, —τ	
	—ς, τος	
	masc. — fém.	
	—της, του | τις, τιος	—θις, θεως.
	—θης, θου | θις, θιος	
—K	—κις, κιος	
	—χις, χιος	—κις, κιος.
	—χος, χου	
—CH (ϧ)	—χις, χιος	
	—χος, χου	—χις, χεως.
	—χης, χεους	
—Sch (ϣ)	. . . .	
—Dj (ϫ)	—ς	—θις, θεως.
	—θης, θου	
—h —ah	—ας	
—ih	—αις, αιος	—αις, αεως.
	—ις, ιος	
—ouh	—ους	

No. V. Tableau

des mots égyptiens grécisés entrant le plus souvent comme formatifs
dans la composition des noms propres d'Égyptiens.

TRANSCRIPTION EN GREC.	MOT ÉGYPTIEN.	FORME CORRESPONDANTE DU COPTE		SIGNIFICATION.
		THÉB.	MEMPH.	
π, φ, $\pi\varepsilon$, $\pi\iota$	p	Π, ΠЄ	Π, Ϥ, ΠI	article masc. sing. ὁ, le
τ, $\tau\varepsilon$, ϑ	t	Τ, ΤЄ	Ϯ, Τ, Θ	» fém. » ἡ, la
ν, $\nu\varepsilon$, $\nu\iota$	n	Π, ΠЄ	Π, ΠI	» com. plur. οἱ, αἱ, les
$\pi\alpha$, $\varphi\alpha$	pa	ΠⲀ	ϤⲀ	pron. poss. ⎰ masc. ὁ τοῦ
$\tau\alpha$, $\vartheta\alpha$	ta	ΤⲀ	ΘⲀ	sing. ⎱ fém. ἡ τοῦ
$\pi\varepsilon\tau\varepsilon$, $\pi\varepsilon\tau$, $\pi\alpha\tau\varepsilon$, $\pi\alpha\tau$, $\pi\sigma\tau$	pete	ΠЄΤ		ille qui, celui qui appartient à, le voué à
$\varepsilon\varphi$	ef	єϥ		préformatif des participes. V. p. 45 et 50.
σ, ζ, $\sigma\varepsilon$, $\sigma\iota$, $\varepsilon\sigma$, $\iota\sigma$, $\varepsilon\sigma\iota$	si	(CI)		fils
$\psi\varepsilon\nu$	p.se-n	. . . .	. . .	le fils de
$\sigma\varepsilon\nu$	t.se-n	. . . .	. . .	la fille de
$\pi\chi\iota\varrho$, $\pi\chi\sigma\varrho$	p.cher, p.chel	ΠϨЄΡ, ΠϨΡ	ΠϬЄⲖ	l'enfant
$\pi\chi\varrho\alpha\tau$, $\chi\varrho\alpha\tau$	p.chrat	ϨΡΟΤ	ϬΡΟϮ	le jeune, le cadet
$o\nu$, $\alpha\nu$	hon, han	. . . .	. . .	jeune
$\pi\sigma\eta\varrho$, $\pi\omega\eta\varrho$	p.uér	ΠϢΗΡ, ΠΟⲨΗΡ		le grand, l'aîné
$\mu\varepsilon\sigma$, $\mu\alpha\sigma$, $\mu\omega\sigma$	mes	ⲘЄⲤ, ⲘⲀⲤ		natus, infans
$\varphi\varrho\iota$	p.hri	ΠϨΡⲀI	ΠϨΡΗI	le supérieur, praefectus, le chef
$\nu\varepsilon\varphi$, $\nu\varepsilon\beta$, $\nu\nu\beta$	nib	ⲚΗⲂ, ⲚЄⲂ		dominus
$\nu\varepsilon\chi\vartheta$	necht	ⲚⲀϢΤ, ⲚⲀϢΤЄ		vengeur
$\omega\vartheta$, $\omega\varphi$	hotp	ϨⲰΠ		conjunctus
$\tau\iota$	ti	Ϯ		donum
$\nu\omega\varphi\varrho\iota$, $\nu\varepsilon\varphi$, $\varepsilon\nu$	nofer	ⲚΟϤΡI, ⲚΟⲨϤI		bonus
$\iota\varrho\iota$, $\varepsilon\varrho\iota$, $\varepsilon\iota\varrho\iota$	iri	. . . .	. . .	oculus
$\vartheta\nu$, $\vartheta\iota$, $\delta\nu$	t.hi	. . . .	. . .	domus.

Liste
de dieux égyptiens, transcrits en grec.

TRANSCRIPTION EN GREC.	NOM ÉGYPTIEN. [1]	
1. Αμουν, Αμουν.ις, Αμων, Αμμων, Αμεν	Amen	deus Ammon, Jupiter.
2. Αμεντ.ις, Αμηντ.ης, Αμενϑ.ης	Amen.t	Orcus, Tartara.
3. Ανουπ.ις, Ανουβ.ις, Ενουβ.ις	Anoup	Anubis.
4. Ανουκ.ις	Anouk	dea Anukis, Ἑστία, Vesta.
5. Αϑυρ, Αϑωρ	Athor	dea Hathor, Ἀφροδίτη, Venus.
6. Ισι.ς, Ησι.ς, Ησε, Εισι.ς	Isi	dea Isis, Δημήτηρ.
7. Ιμουϑ.ης	Imhotp	deus Imuthes, Ἀσληπιός, Aesculapius.
8. Αω.ς	Aoh	deus Lunae.
Π.αω.ς	P.aoh (l'articl. masc. p.)	
9. Οσιρι.ς, Οσορ—, Οσειρι.ς	Osiri	Osiris.
10. Φϑα, Φϑα.ς, Πτα.ις	Ptah	deus Ptah, Vulcanus, Ἥφαιστος.
11. Μα, Μη, Με	Ma	dea veritatis atque justitiae, Θέμις.
Μου.ς	Ma.u	
12. Μιν.ις, Μιν, Μεν	Min	deus Min, (cognomen Ammonis et Hori).
Μενδη.ς	Min.ti, Men-te (ti signe du duel. V. p. 39)	Καλέεται δὲ ὁ .... Πὰν Αἰγυπτιστὶ Μένδης (Herod. II, 46).
13. Μωνϑ.ης	Mont	deus Mont, Mandu.
14. Νεφϑυ.ς, Νυβδι.ς	Nibthi	dea Nephthys, soror Osiridis et Isidis.
15. Νηιϑ, Νιτ—	Ni.t	dea Neith, Ἀϑηνᾶ.
16. Χνουμ.ις, Χνουβ.ις	Noum	deus Chnubis, Ammon.
17. Ρα, Ρη	Ra	deus Sol.
Πρη.ς, Φρη.ς	Pra (l'articl. m. p.)	
18. Σετ, Σηϑ	Set	deus Set, Τυφῶν.
19. Σατι.ς	Sati	dea Satis, Ἥρα.
20. Σουχ.ις, Συχ.ις	Sobek	deus Sobek, Κρόνος, Saturnus.
21. Σουαν.ις	Soben	dea Soben, Εἰλείϑυια.
22. Τουμ, Τεμ	Toum	deus Atmu, Tum.
23. Θοουτ, Θωυτ, Θωτ, Θωϑ, Θοτ	Tot	deus Tot, Mercurius, Ἑρμῆς.
24. Θριπι.ς, Τριφι.ς	T.ripi	dea Tripis.
25. Χωνσ.ις	Chons	deus Chons.
26. Σεμ, Σημι.ς	Djem	Hercules.
27. Ωρ.ος, Αρ—, Ερ—	Hor	deus Horus, Ἀπόλλων.
28. Απι.ς	Hapi	bos Apis.

---

[1] V. pl. II no. 34, 1—28.

No. VI.

Sur la notation des nombres dans l'écriture cursive des anciens Grecs.

Je n'ai que quelques mots à ajouter sur la manière des Grecs de marquer les chiffres. Ce sont les lettres de l'alphabet, augmenté de trois signes, prises dans leur ordre, et munies de quelque signe distinctif. La méthode qu'on observe dans nos livres imprimés consiste à avertir le lecteur de la valeur numérique du caractère par un petit trait à droite. Cela ne se fait jamais dans les papyrus. Là le chiffre se distingue par sa place après le mot auquel il se rapporte, ou par la ligne horizontale dont la lettre est surmontée. C'est ainsi qu'on trouve les lettres ajoutées au nom des mois pour indiquer le jour (V. pl. III no. 1 — 5), tandis qu'après la signe L ($\check{\varepsilon}\tau o\upsilon\varsigma$) les caractères numéraux ne sont jamais munis de la ligne horizontale (V. pl. III no. 6 — 10).

Voici la forme qu'affectent les unités et les dizaines (V. pl. III no. 11):

1. — A ou $\overline{A}$		10. — I ou $\overline{I}$	
2. — B » $\overline{B}$		20. — K » $\overline{K}$	
3. — Γ » $\overline{\Gamma}$		30. — $\varDelta$ » $\overline{\varDelta}$	
4. — $\varDelta$ » $\overline{\varDelta}$		40. — M » $\overline{M}$	
5. — E » $\overline{E}$		50. — N » $\overline{N}$	
6. — ς		60. — Ξ » $\overline{\Xi}$	
7. — Z » $\overline{Z}$		70. — O » $\overline{O}$	
8. — H » $\overline{H}$		80. — $\varPi$ » $\overline{\varPi}$	
9. — $\varTheta$ » $\overline{\varTheta}$		90. — $\mathsf{9}$	

Les caractères des centaines qui, dans les papyrus, sertent à indiquer le plus souvent une valeur pécuniaire, ne sont jamais surmontés de la ligne horizontale. En voici l'ordre (pl. III no. 11) $P = 100$, $\Sigma = 200$, $T = 300$, $Y = 400$, $\varPhi = 500$, $X = 600$, $\varPsi = 700$, $\Omega = 800$, $\mathsf{T} = 900$. On voit, comme je l'ai déjà fait remarquer, parmi ces signes numéraux quelques-uns empruntés à l'alphabet sémitique: ς (6) — $\grave{\varepsilon}\pi\acute{\iota}\sigma\eta\mu o\nu\ \beta\alpha\tilde{\upsilon}$, $\mathsf{9}$ (90) — $\grave{\varepsilon}\pi\acute{\iota}\sigma\eta\mu o\nu\ \varkappa\acute{o}\pi\pi\alpha$, et enfin T (900) — $\grave{\varepsilon}\pi\acute{\iota}\sigma\eta\mu o\nu\ \sigma\alpha\nu\pi\check{\iota}$. La lettre S, représenté dans l'écriture cursive des anciens Grecs par c, ayant trop de ressemblance avec le $\grave{\varepsilon}\pi\acute{\iota}\sigma\eta\mu o\nu\ \beta\alpha\tilde{\upsilon}\ \varsigma$, s'approche comme caractère numéral du Σ.

Voyons maintenant les nombres millénaires. Dans les manuscrits et les imprimés des temps postérieurs, on les indique par un petit trait au-dessous de la lettre numérale. Ainsi α, β, γ, δ signifient 1000, 2000, 3000, 4000. Il n'en est pas ainsi dans les papyrus. Là la lettre est toujours surmontée d'un crochet, uni avec la lettre, dont l'ouverture est tournée vers la gauche, ainsi $\measuredangle = 1000$ [1], $\overset{\text{,}}{B} = 2000$, $\overset{\text{,}}{T} = 3000$, $\overset{\text{,}}{\varDelta} = 4000$ (V. pl. III no. 12) etc.; différence qui me paraît assez remarquable. Je n'ai point trouvé dans les papyrus de nombre excédant les millénaires. Mais M. Peyron a recueilli quelques exemples dont il résulte que dix-mille s'exprime par

---

[1] La lettre A, dans cette composition, se présente sous cette autre forme, $\measuredangle$, munie du crochet '.

un M ($\mu\nu\varrho\iota\acute{\alpha}\varsigma$), le plus souvent transformé en ⌒, qui supporte la lettre qui désigne les unités. $A = 10,000$, $B = 20,000$, $\Gamma = 30,000$ etc.

Passons aux nombres fractionnaires.

1° Les fractions dont le numérateur est l'unité, étaient représentées par le chiffre du dénominateur surmonté d'un trait perpendiculaire, parfois, un peu incliné vers la droite. Ex. $\Gamma = \frac{1}{3}$, $\Delta = \frac{1}{4}$, $E = \frac{1}{5}$, $\varsigma = \frac{1}{6}$, $I = \frac{1}{10}$, $K = \frac{1}{20}$, $\Xi = \frac{1}{60}$, $P = \frac{1}{100}$ [1] (V. pl. III no. 13).

Il y a une seule exception dans le tracé de la fraction $\frac{1}{2}$ qui, dans les papyrus, est constamment désigné par $\angle$, abrégé de la lettre α (V. no. 14).

2° Pour les fractions dont le numérateur est plus grande que l'unité, les Grecs faisaient comme les Égyptiens; [2] ils décomposaient la fraction en fractions au numérateur 1. C'est ainsi que dans le papyrus grec sur lequel nous avons donné plus haut quelques détails, nous rencontrons l'expression $\Gamma I E$ c. à. d. $\frac{1}{3} + \frac{1}{15} = \frac{6}{15} = \frac{2}{5}$ (V. pl. III no. 15). Le texte porte (I, 8) pour exprimer la même fractions $\tau\varrho\iota\tau\sigma\nu$ $\pi\varepsilon\nu\tau\alpha\varkappa\alpha\iota\delta\varepsilon\varkappa\alpha\tau\sigma\nu$. — Plus bas (II, 1) se présente la fraction $\angle\Delta = \frac{1}{2} + \frac{1}{4} = \frac{3}{4}$ (V. no. 16). Dans le papyrus de Zoïs à Vienne est fait mention d'un jardin $\alpha\varrho\sigma\nu\varrho\omega\nu$ $\varsigma\angle\acute{\eta} = 6\frac{1}{2} + \frac{1}{8} = 6\frac{5}{8}$ (V. no. 17) ce qui à un autre endroit du même manuscrit se rend par: ($\pi\alpha\varrho\alpha\delta\varepsilon\iota\sigma\sigma\varsigma$) $\alpha\varrho\sigma\nu\varrho\omega\nu$ $\varepsilon\xi$ $\eta\mu\iota\sigma\sigma\nu\varsigma$ $\sigma\gamma\delta\sigma\sigma\nu$.

3° Dans l'écriture démotique, tout cela je l'ai amplement exposé dans mon ouvrage susmentionné, plusieurs fractures dont le numérateur est plus grand que l'unité, font exception; en sorte que p. ex. les fractions $\frac{2}{3}$, $\frac{4}{5}$ n'étaient représentées que par un signe unique. Il en a été apparemment ainsi en grec de la fraction $\frac{2}{3}$ qui se rencontre dans le compte suivant du papyrus de Zoïs sous une forme qui approche de l'f.

1. $A B \Delta$ = la somme de tal. 2. dr. 4000 = dr. 16,000
2. $\varepsilon\xi\eta\varkappa\sigma\sigma\tau\eta$ $\Sigma\Xi\varsigma f$ = le droit d'achat de $\frac{1}{60}$ p. C. = dr. $266\frac{2}{3}$
3. $\varepsilon\varkappa\alpha\tau\sigma\sigma\tau\eta$ $P\Xi$ = le droit d'achat de $\frac{1}{100}$ p. C. = dr.   160

4. $A B \Delta Y K \varsigma f$ = le total de tal. 2. dr. $4426\frac{2}{3}$ = dr. $16,426\frac{2}{3}$. (V. pl. III no. 18).

Je ne sais pas où trouver l'origine de ce singulier signe pour la fraction $\frac{2}{3}$. Serait-ce dans le signe correspondant égyptien (V. no. 19)? Au reste je reconnais le même signe dans l'enregistrement grec, accompagnant un papyrus démotique du musée de Berlin (Ax. 14) dans deux fractions dont l'une est $\varsigma\check{z}$⌒ (en démotique il y a $\frac{1}{6} + \frac{2}{3} = \frac{5}{6}$) et l'autre seulement $\check{z}$⌒, $\frac{2}{3}$. Que signifient alors les deux petits traits qui terminent toutes les deux fois le signe $\check{z}$ (no. 20), ou feraient-ils partie de la fraction? — et, de plus, le $\gamma\sigma'$ de Ptolémée par lequel, dans sa géographie, il notait la fraction $\frac{2}{3}$, ne pourrait-il être dans un rapport quelconque avec le signe de l'enregistrement ci-dessus? [3]

---

[1] Les dernières fractions ($\frac{1}{10} - \frac{1}{100}$) reviennent constamment dans les enregistrements du greffier où sont notés les chiffres des droits d'achat ($\delta\varepsilon\varkappa\alpha\tau\eta$, $\varepsilon\iota\varkappa\sigma\sigma\tau\eta$, $\xi\xi\varepsilon\varkappa\sigma\sigma\tau\eta$, $\xi\varkappa\alpha\tau\sigma\sigma\tau\eta$).

[2] V. mon ouvrage: Numerorum apud veteres Aegyptios demoticorum doctrina. Berolini 1849.

[3] V. le rapport mensuel de l'académie royale des sciences à Berlin. Août, 1849 p. 222 et suiv.

ADDITION.

Je termine en recommandant à l'indulgence du lecteur les fautes d'impressions qui ont pu se glisser dans le texte, sans toutefois en altérer le sens.

Enfin je m'empresse ici de revenir sur une conjecture, posée dans le texte, et sur laquelle j'ai pu m'éclairer mieux. Il s'agit de l'hiéroglyphe pl. II no. 10 dont il est question plus haut à l'occasion du nom royal d'Asychis (p. 33). J'ai dit que cet hiéroglyphe représentait le son *souch*, et que l'*A* dans le nom transcrit en grec ne me paraissait être que paragogique. Voici maintenant ce qui en est. L'hiéroglyphe en question, en outre du nom de ce roi, se rencontre encore assez souvent sur les monuments de la plus haute antiquité, c'est-à-dire de la quatrième dynastie memphitique. Là le titre *nib* (seigneur), suivi de notre hiéroglyphe (V. pl. II no. 30), se lit comme titre honorifique de plusieurs hauts fonctionnaires. Or, ailleurs on trouve l'hiéroglyphe tracé ainsi (no. 31); en ajoutant les voyelles et les consonnes il y a *A..CH* d'où il résulte que la prononciation de ce signe commencait par *A* et finissait par l'articulation *CH*, χ. Il est impossible de ne pas voir au prime abord l'identité de ce mot avec le nom *Ασυχ-ις* à un seul signe près, celui de la faucille qui, au dire de nos archéologues, comporte le son *M*. Or, la faucille se prononce *asech* (V. no. 32, en copte ⲟⲥⳆ, ⲟⳆⲥ, ⲟⳲⲥ) nom qui s'accorde de même parfaitement avec ce nom *Ασυχ-ις*. Cela prouve donc que ce n'est pas l'articulation *M*, mais bien plutôt *S* qu'il faut donner, dans ce groupe, à la faucille qui peut-être représentait le mot *ASeCH* tout entier auquel on ajoutait seulement la voyelle *OU*, pour obtenir le son *Asouch*. Après cela je conçois comment M. Bunsen a lu ce nom: *Amchoura*. Pour lui la faucille représentant le son *M*, il prononçait, abstraction faite du disque solaire *Pa*, le mot: *Amechou* au lieu d'*Asechou* ou d'*Asouch*, *Ασυχ*, ce qui l'a empêché de découvrir l'identité de ce nom et de celui d'Hérodote.

Il est donc certain que notre hiéroglyphe se prononce *Asouch*. Cherchons l'équivalent copte. Hâtons-nous de dire qu'on n'aille pas s'étonner de voir *sch*, σχ remplacé par ⲯ. Il en est ainsi dans le mot *aseχ*, metere, falx. En copte ce mot s'est conservé sous la forme ⲱⲥⳆ ou ⲟⲥⳆ, mais un autre, composé du verbe ⲡ̄, se prononce ⲣⲱⲯ, *demetere*, c. à. d. ⲡ̄-ⲱⲥⳆ. Eh bien, je rapporte donc le mot en question *asouch* au copte ⲟⲩⲱⲯⲧ, ⲟⲩⲯⲧ, ⲟⲩⲁⲯⲧ, adorare, adoratio, προσκύνησις, la finale ⲧ ne permettant pas d'en douter, vu que quantité de verbes prennent indifféremment cette consonne. Exemples: ⲙⲉⲣⲉ, ⲙⲉⲣⲓⲧ, amare — ⳉⲓⲥⲓ, ⳉⲟⲥⲉ, ⳉⲉⲥⲧ, ⳉⲟⲥⲧ, exaltare — ⲥⳅⲟⲩⲣ, ⲥⳅⲟⲩⲣⲧ, maledicere — ⲥⳆⲏ, ⲥⳆⲏⲧ, scribere — ⲥⲁϥⲧⲉ, ⲥⲉϥⲧⲟⲧ, praeparare (en voici les racines dans les hiéroglyphes et en démotique: *mer, kes, sehour, sχi, sebti*). Ce sens *adorare*, προσκυνεῖν, s'applique parfaitement au groupe hiéroglyphique no. 30: *nib asouch*, dominus adorationis; il est constaté au reste par le signe du flabellifère agenouillé qui suit très souvent le groupe *asouch* et qui désigne l'idée vénérable (V. no. 33).

BERLIN, IMPRIMERIE DE GUSTAVE SCHADE,
Oranienburgerstr. 27.

Alphabet grec.			Alphabet démotique.
lettre initiale.	lettre intermédiaire.	lettre finale.	

	lettre initiale	lettre intermédiaire	lettre finale		Alphabet démotique
α.				a.	
β.				i.	
γ.				u.	
δ.				b.	
ε.				f.	
ζ.				p.	
η.				m.	
θ.				n.	
ι.				l.	
κ.				r.	
λ.				s.	
μ.				t.	
ν.				h.	
ξ.				k.	
ο.				ch.	
π.				sch.	
ϱ.				dj.	
6.					lettres abrégées en grec.
τ.					
υ.				αδ.	ευ.
φ.				αι.	με.
χ.				αυ.	να.
ψ.				απ.	υι.
ω.				ας.	πα.
				αδ.	ων.

Pl. II.

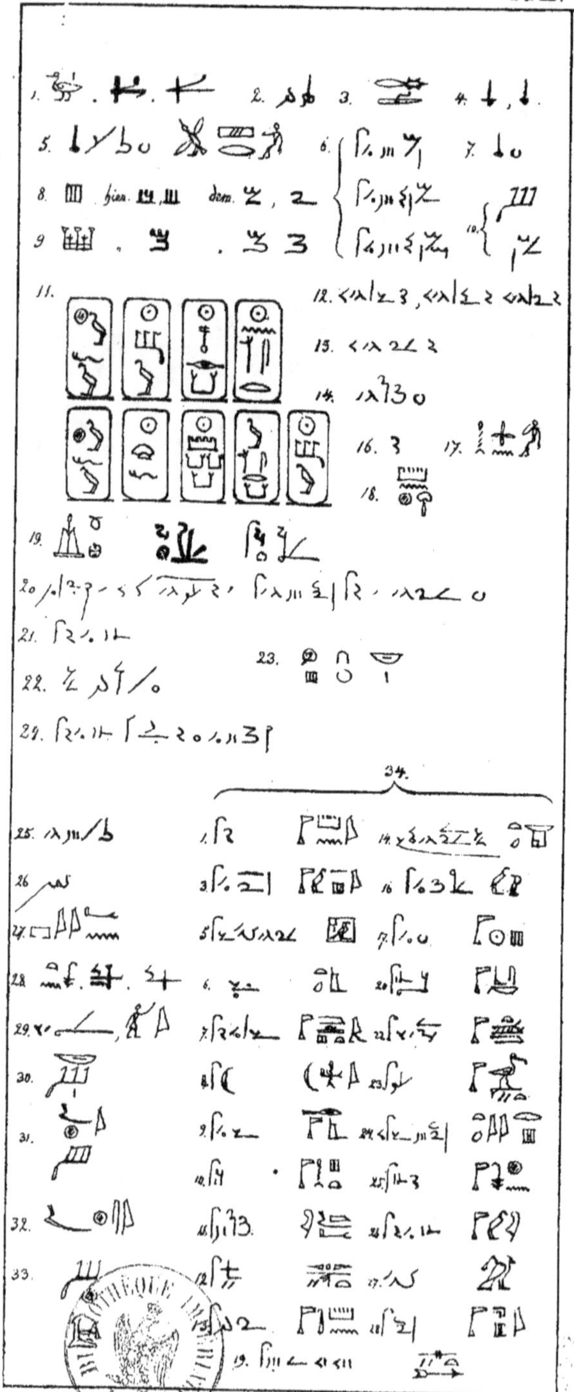

Pl. III.

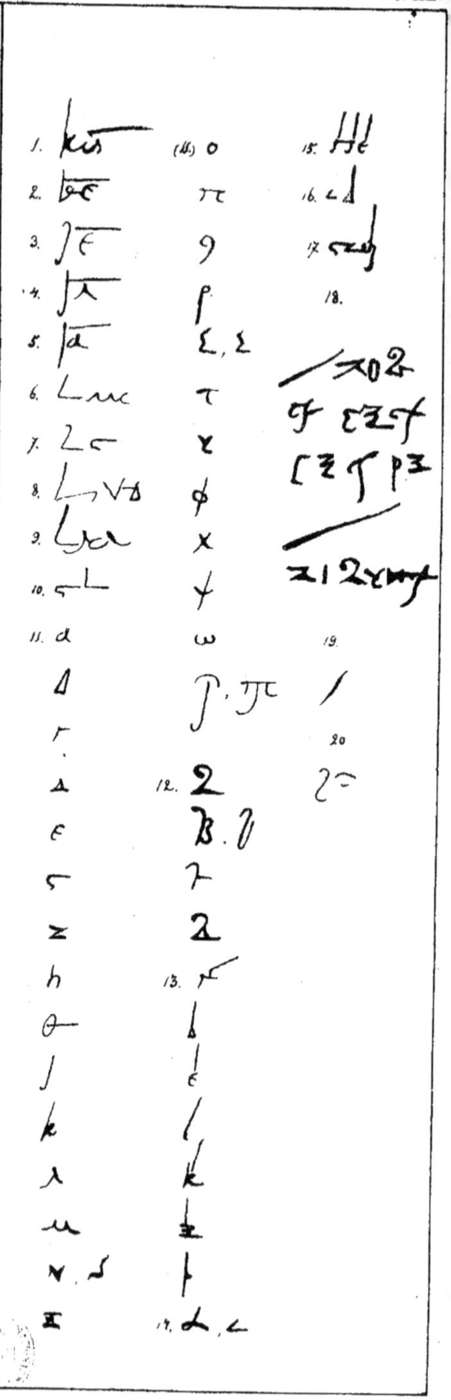

www.ingramcontent.com/pod-product-compliance
Lightning Source LLC
Chambersburg PA
CBHW061427060726
47597CB00003B/1156